나와 너의 사회과학

### 나와 너의 사회과학

저자_ 우석훈

1판 1쇄 발행_ 2011. 3. 16.
1판 8쇄 발행_ 2021. 3. 26.

발행처_ 김영사
발행인_ 고세규

등록번호_ 제406-2003-036호
등록일자_ 1979. 5. 17.

경기도 파주시 문발로 197(문발동) 우편번호 10881
마케팅부 031)955-3100, 편집부 031)955-3200, 팩스 031)955-3111

저작권자 ⓒ 2011 우석훈
이 책은 저작권법에 의해 보호를 받는 저작물이므로, 저자와 출판사의 허락 없이
내용의 일부를 인용하거나 발췌하는 것을 금합니다.

값은 뒤표지에 있습니다.
ISBN 978-89-349-4810-0  03300

홈페이지 http://www.gimmyoung.com    블로그 blog.naver.com/gybook
인스타그램 instagram.com/gimmyoung   이메일 bestbook@gimmyoung.com

좋은 독자가 좋은 책을 만듭니다.
김영사는 독자 여러분의 의견에 항상 귀 기울이고 있습니다.

우리 삶과 세상을 읽기 위한 사회과학 방법론 강의

# 나와 너의 사회과학
SOCIAL SCIENCE FOR YOU & ME

우석훈 지음

김영사

'사회 현상이 존재한다, 도대체 이것을 어떻게 알 것인가?' 이것의 인식 수단에 대해 논의하는 것이 사회과학 방법론입니다. 긴 인생을 살면서 한 번쯤은 사회과학 공부를 해보는 것이 유익하다고 생각합니다. 사회를 살리는 사회과학의 힘이 생소하고 궁금하신 분들에게 이 초대장을 보냅니다.

# 차례

서문 무엇이 공동체를 지키는가! ················································· 8

## 1강 지금, 우리에게는 사회과학이 필요하다 ································ 17
우리가 사회과학으로 말할 수 있는 것들 | 데카르트의 코기토 선언과 공자의 깨달음 | 사회과학이란 무엇인가 | 사회과학이 사회를 살릴 수 있는가 | 사회과학의 르네상스를 위하여 | 첫 번째 쪽글 내 삶을 크로키 기법으로 묘사하기

## 2강 착해지기 vs 똑똑해지기 ················································· 37
빨강 머리 앤과 꿀벌의 우화 | 이기주의 가설과 이타주의 가설 | 인간의 본성은 바뀔 수 있는가 | 착해질 것인가 똑똑해질 것인가 | 똑똑해지기 혹은 집단지식의 힘 | 두 번째 쪽글 '착해지기'와 '똑똑해지기' 중 나는 어느 쪽에 더 적합한가?

## 3강 학문이란 무엇인가?: 백과사전형 지식의 귀환 ························ 60
데카르트와 칸트 그리고 헤겔의 성찰 | 헤겔의 백과사전형 지식, '사이언스'와 '엔치클로페디' | 분과 학문 체계가 만들어낸 전문가형 지식 | 전문가 시대에서 기획자 시대로 | 세 번째 쪽글 어떤 선택을 할 것인가?

## 4강 실존과 선택: 학자의 탄생, 그리고 지지 않는 학문 ···················· 77
무無 앞에 선 실존: 원인 없는 결과는 가능한가? | "실존은 본질에 우선한다": 무의 원천이면서 모든 걸 무로 되돌리는 실존 | 인간은 스스로 선택하고 결정하는 존재 | 학자의 탄생: 무엇을 선택할 것인가 | 이탈리아의 에코, 우루과이의 갈레아노, 그렇다면 한국은? | 네 번째 쪽글 나의 행위는 돈으로 얼만큼 설명 가능한가?

## 5강 경제적 인간과 사회적 인간: 개인, 구조, 그리고 다리 ··············· 95
개인을 볼 것인가, 전체를 볼 것인가 | 왈라스의 개인: 미시경제학의 경우 | 케인스의 전체: 거시경제학의 경우 | 개인에서 전체로, 혹은 전체에서 개인으로 | 다른 시도들: 문화적 접근과 게임이론 | 무엇을 선택할 것인가 | 다섯 번째 쪽글 6조 혜능, 돈오돈수, 돈오점수에 대해 아는 대로 적어보기!

## 6강 설명과 이해: 과학주의 vs 해석학 ······································ 111
과학이란 무엇인가: 백조가 희다는 것을 입증할 수 있는가 | 과학이란 반증 가능성을 갖는 임시적 가설일 뿐 | '설명'의 세계에서 '이해'의 세계로 | 고장 난 시계와 맥락의 중요성 | 개인과 구조, 설명과 이해 | 소통을 넘어 공감의 시대를 여는 사회과학 | 여섯 번째 쪽글 나는 몇 개의 준거를 가지고 생각하는가?

7강 환원주의와 다원론: 쉬운 길과 어려운 길 ·········· 133
하나, 둘, 그리고 많다 | 물질이 중요한가, 마음이 중요한가 | 환원주의와 근본주의 | 일곱 번째 쪽글 세상에는 ~와 ~가 있다!

8강 균질성과 비균질성: 주체의 속성 ·········· 149
분석 대상에 어떤 속성을 부여할 것인가 | '국민'과 '시민'의 차이 | 대학생은 소비자인가? 지식인인가? | 균질적인 모델과 비균질적인 모델 | 사회과학의 대상은 바로 우리 자신 | 여덟 번째 쪽글 내 삶의 가장 중요한 결정? 그것을 만든 변수는?

9강 선형과 비선형: 단순한 숫자와 복잡한 숫자 ·········· 167
선형과 비선형의 세계 | 네거티브 피드백과 포지티브 피드백 | 매와 비둘기의 싸움 | 컴퓨터 자판에서 정부 정책까지, 비선형 모델의 현상들 | 단선적 성장 중심에서 다양성의 세계로 | 아홉 번째 쪽글 삶에서 되돌리고 싶은 결정?

10강 시간을 다루는 법: 역사에 목적지 같은 건 없다 ·········· 185
역사는 정해진 목적지를 향해 가는 항해인가? | 목적론적 역사관과 진화론 | 보편주의와 특수주의 | 시간의 비가역성 그리고 돈이 되는 시간 | 우리에게 궁극의 목표 같은 건 없다 | 열 번째 쪽글 내게 특별한 의미를 갖는 공간들에 대해

11강 공간을 다루는 법: 걷고 싶은 거리? 굽고 싶은 거리? ·········· 199
걷고 싶은 거리? 굽고 싶은 거리? | '공간'과 '장소' | 공간의 구분이냐, 장소의 복원이냐 | 공간 특성을 배려하지 않는 개발이 유령도시를 만든다 | 열한 번째 쪽글 어떻게 나만의 이야기를 전개할 것인가?

12강 스토리 라인 잡기: 작업가설의 유용성 ·········· 209
사회과학 연구의 작업가설은 시나리오의 스토리 라인 | '설명'과 '이해'를 위한 키워드, '공감'과 '맥락' | 수용성의 원칙 그리고 대화하는 방법 | 열두 번째 쪽글 편지 쓰기

13강 사회과학, 실험은 없다! ·········· 219
사회과학의 연구실은 바로 현실 | 수다쟁이들의 학문 | 모두가 꾸는 꿈을 통해 더 나은 사회를 만드는 과정

후기 ·········· 226
찾아보기 ·········· 231

| 서문 |

## 무엇이 공동체를 지키는가!

사회의 그 어느 것도 공짜로 좋아지거나 개선되는 일은 없다. 정부나 정당이 알아서 미리미리 해주면 좋겠지만 그런 일은 없다. 많은 사람들이 머리를 맞대고 적극적으로 논의하고 발언하지 않는 이상 아무 일도 일어나지 않는다. 《이상한 나라의 앨리스》의 '레드 퀸의 가설'이 바로 그 얘기 아닌가? 열심히 뛰지 않으면 제자리에 서 있을 수도 없는 나라, 그게 바로 대한민국 아닌가? 끊임없이 변화하고 개선하려는 노력이 사라지는 순간 우리는 정말 이상한 나라를 보게 될지 모른다.

나는 우리의 문제를 풀고 싶어서 공부를 시작했다. 경제학과 사회학을 결합시킨 '사회경제학' 같은 분과를 열어서 사회와 경제를 통합적으로 살펴보고 싶었는데, 개인이 하기에는 너무 벅찬 일이었다. 그래서 실제로는 경제학과 생태학을 통합적으로 접근한 일을 더 많이 하게 되었다.

그리고 또, 내가 희망했던 것은 '유학 가지 않아도 되는 사회'였다. 대학원생들과 박사과정 후배들을 모아 계속해서 스터디를 하고 직장생활을 하면서도 강의를 줄곧 했던 것은, 최소한 내가 속해 있는 생태경제학 분야만큼이라도 국내에서 공부할 수 있는 여건을 만들어보고 싶었기 때문이었다.

그러나 나는 벽에 부딪혔다. 지난 10년 동안 대학원은 물론 학부에서도 유학이 당연한 일이 되었고, 이제는 초등학생에 유치원생까지 유학을 보내는 풍토가 되었다. 국내에서 배출된 인재가 최소한 자기 나라에서 부당하게 설움 받는 일은 없어야 하는데, 현실은 그렇지 않다. 우리는 스스로 완결된 교육 과정을 갖지 못했다. 한국의 엘리트들은 자녀가 초등학교 5학년이 되면 교환학생으로 미국에 보내고, 중고등학교는 외국에서 다니게 하는 걸 자연스럽게 여긴다. 교육 과정의 문제를 고쳐서 좋게 만들 책임이 있는 사람들이 자녀를 외국에 보내 교육시키는 사회라니! 그러고도 잘살 수 있는 나라는 없다.

※

우리는 우리말로 학문할 수 없게 만든 것을 발전이라고 한다. 하지만 자기 말로 학문을 하는 풍토에서 비로소 세계적인 이론이 나왔다는 것은 역사가 증명해준다. 프랑스어로 철학하는 프랑스, 독일어로 학문하는 독일, 일본어로 연구하는 일본. 우리 한국만 우리말로 공부하는 것의 중요성을 무시한다.

영어로 논문을 발표하는 것 자체를 뭐라고 할 생각은 없다. 그러나 요즘은 정부에서 지원하는 연구 과제에서도 SCI(과학기술 논문 색인지수)

기준을 들이대면서 외국의 학술지에 발표하도록 유도한다. 정부가 돈을 들여서 자국의 국민들이 읽기 어려운 논문을 쓰도록 하는 셈이다. 정부 연구 과제는 기본적으로 세금에서 지원하는 것인데, 그 세금의 납세자들이 읽을 수 있게 해주는 것이 외국의 학술지에 실리는 것을 목표로 하는 것보다 가치 있는 일이 아닐까?

기본 논문은 대부분 영어로 쓰여지고, 우리말로 된 문헌들도 거의 외래어 수준이어서 일반인이 이해할 수 없기는 마찬가지다. 학계의 장벽이 너무 높아지면 결국 국민이 그 분야를 외면하게 된다. 벽은 너무 견고하다.

몇 년 동안 대학생, 대학원생들과 크고 작은 스터디를 하면서, 기초 교육에 대한 필요성을 절감했다. 학문의 전문화만 지나치게 외치면서, 사회과학의 기본을 다루는 논의가 없었고, 마땅히 쓸 만한 교과서도 없었다. 그래서 어디서부터 어떻게 접근해야 할지 막막해하는 사람들이 큰 부담 없이 사회과학 공부를 시작할 수 있게 안내하는 책을 내고 싶었다.

이 책에 정리한 내용은 대학생들과 공동 연구 및 분석 작업을 하면서 약식으로 가르쳤던 기초에 해당하는 내용들을 몇 번에 걸쳐서 진화시킨 것이다. 여러 차례 강의를 하면서 호응도가 높지 않거나 꼭 필요하지 않다고 생각되는 내용들은 제외했고, 현장에서의 실용성을 강조했다. 인문사회 분야의 학부 1~2학년 또는 비전공자인 경우 대학원 1학기 정도에 배우면 좋겠다고 생각한 내용들로, 사회과학에 대한 개괄적인 입문서 수준에 맞추려고 노력했다. 그렇다고 옛날얘기만 늘어놓지는 않았고, 1990년대 이후 발전된 방법론에 대해서 많이 소개하려고 했다.

욕심 같아서는 창작을 하는 예술가들이 자신의 시선을 확장시키기 위해 사회과학 공부를 할 때도 도움이 되었으면 좋겠다. 그리고 기회가 되면 경제와 윤리 혹은 경제철학에 대한 논의도 본격적으로 전개해보고 싶다.

각 장의 끝에는 예습용 목적으로 쪽글이 하나씩 달려 있다. 시험을 잘 보기 위해서는 복습을 충실히 하는 편이 낫겠지만, 공부가 지겨워지지 않도록 하기 위해서나 창의적인 생각을 더 많이 하기 위해서는 예습이 더 도움이 된다는 나의 공부 습관이 반영된 것이다. 시간을 내서라도 쪽글을 써보고 다음 장을 읽는 편이, 효과는 더 높을 것이라고 생각한다. 사회과학을 공부하는 중요한 이유 중의 하나가 결국 글의 형태로 자신의 생각을 표현하기 위한 것인데, 그런 훈련을 병행하면서 실제 내용을 읽는다면 응용 능력을 키울 수 있다.

ॐ

사회과학의 힘은 비판에 있다고 생각하던 시절이 있었다. 아주 오랫동안 한국에서 사회과학은 대결의 언어였고, 날 선 논쟁의 언어였다. 그러나 이제는 정확히 분석하고 구체적 맥락을 드러내서 이해할 수 있는 틀을 만드는 게 더 중요하다고 생각한다. 남과 싸우기 위해서거나 논쟁하기 위해서 학문을 한다면 너무 허망한 일이다.

그런 의미에서 '소통'은 여전히 중요하다. 사실 좌파든 우파든, 소통이라는 말을 "왜 내 말을 들어주지 않느냐"와 동의어로 사용하는 경우가 더 많은 것 같다. 그건 홍보지 소통이 아니다. 상황이 이렇게까지 극단적이 된 데는 언어의 문제도 있다.

좌우로 싸늘하게 갈리는 양상은 일상에서보다 학문 내에서 더 강한 것 같다. 곰곰이 생각해보면, 우리가 지난 10년 동안 학문이라는 이름으로 사보타지 외에 한 게 뭐가 있는가? 사회과학 내에서도 서로 만날 수 없는 평행선을 그렸던 것이 사실 아닌가? 그러는 동안 일반인들은 사회과학으로부터 멀어졌고, 우리가 소통할 수 있는 공동의 언어는 사라져버린 셈이다. 사회과학이 학문으로서 부여받은 소명으로부터 우리가 너무 멀리 온 게 아닌가?

이제는 소통을 넘어 이해와 공감이 필요하다. 탈권위주의와 탈계몽주의 시대에 이해와 공감을 위한 새로운 의사전달 방식이 사회과학에서 어떻게 활용될 수 있는지, 그런 개인적인 고민이 책의 후반부에 들어 있다. 우리의 특수성을 생각할 때, 전통적인 방법론 논의보다 그런 것들이 우리에게 더 절실하다고 생각했다. 사회과학이라는, 좀 오래되었지만 인류 보편의 언어를 통해서 우리가 같이 대화하고 논의하고, 또 그렇게 뜻을 모아나갈 수 있을 것이다.

그동안 이 나라는 경제 근본주의에만 경도되어 '돈의 언어'만 난무했지, '이성의 언어'는 온데간데없었다. 의견을 모아나가고 합의해가는 장치 중의 하나인 사회과학의 언어가 죽었던 것 아닌가? 경제학은 사회과학을 구성하는 수많은 분과 중의 하나에 불과한데, 돈의 언어가 보편적이 되면서 지독한 경제 근본주의의 폐해를 낳고 있다. 그러나 이것도 하나의 단계라면, 조금은 더 이성적이고 폭력적이지 않은 방식으로 새로운 한국을 만들어갈 방법을 우리 모두가 함께 고민해볼 시점을 맞았다고 생각한다.

한국 사회에서도 이성의 힘이 제대로 작동하기를 바란다. 그것이 이 책을 준비하면서, 사회과학 르네상스라는 희망을 생각하며 내가 가졌던 간절함이다.

많은 사람들과 같이 작업을 하면서 새로 배운 것이 있다면, 그것은 사회과학이 기본적으로는 수다쟁이들의 언어이기도 하다는 사실이다. 맞다, 사회과학자들은 참 말 많은 사람들이고, 간단한 것을 아주 기괴한 언어를 통해서 복잡하게 만드는 기막힌 재주를 가진 사람들이다. 우리 사회가 좋아질 수만 있다면 좀 시끄럽고 요란해져도 좋을 것 같다.

그러나 그 과정에서 상처받거나 아픈 기억을 갖지는 않았으면 좋겠다. 1980년대의 사회과학은 상처를 주는 데만 집중하다가 결국 많은 사람으로부터 멀어진 것이 아닐까? 그 과정에서 사회과학은 남성적인 측면만 강조되었고, 수컷들의 호전성이라는 특징을 갖게 되었다. 온화하게 얘기하거나 부드럽게 얘기하면 전투성이 떨어진다는 것, 그게 우리가 지냈던 80년대의 모습이었다. 사실 남들에게 상처를 주면 자신에게도 상처가 남는다. 논쟁에서 이기면 이긴 것 같지만, 그건 진짜 이긴 게 아니다. 우리가 갖고 있는 문제를 해결하거나 최소한 완화시켜야 그게 진짜 이긴 것 아닌가?

만약 우리에게 사회과학의 시대가 다시 돌아온다면 더 많은 소녀들과 주부들이 이 사회과학에 초대되어야 하고, 그들이 "당신들이 맞다, 틀리다"라고 기꺼이 평가할 수 있게 하는 것이 옳다고 생각한다. 사회과학은 글을 쓰거나 생각을 정리할 때 또는 사회의 대안을 찾아갈 때 길잡이가 되어주는 실용적인 목적을 갖는 게 바람직하다. 그러기 위해서는 사회과학의 언어가 엘리트 남성들의 전투 용어에서 여성을 포함한 생활인들의 일상용어로 바뀌는 게 가장 빠른 방법이 아닐까? 대중들과 어떻게 얘기하고 그들에게 무슨 도움을 줄 것인가, 그런 실용적인 측면을 사회과학 전공자들이 너무 가볍게 생각했던 것 같다.

우리의 이런 노력이 과연 어떤 결실을 맺게 될지 지금으로서는 아무도 알 수 없다. 결실의 기준을 나는 10년 후에 조기 유학이 우리 사회에서 어떻게 되었는지로 삼고 싶다. 우리가 이렇게 고군분투했는데도 사회적으로 아무런 일도 벌어지지 않는다면 아주 허망한 일이다. 개개인의 삶이 지금보다는 윤택해지거나 풍성해지면 좋겠지만, 이건 객관적 지수로 확인해볼 길이 없다. 그러나 조기 유학이 계속되는지 아닌지, 그건 쉽게 알 수 있지 않을까? 지금의 한국 상황과 사회적 논의의 방향을 보았을 때, 조기 유학이 더 늘면 늘지, 줄어들 가능성은 없다.

생태학에서 사용하는 '깃대종 접근법'인 셈인데, 특수한 생물은 그게 살아 있다는 것만으로도 그 생태계가 얼마나 건강한지 알 수 있다. 영화 제목으로도 사용되었던 '쉬리' 같은 게 그런 깃대종이다. 조기 유학은 하나의 단일한 사건이지만, 이 문제가 해결되면, 교육 문제, 학문의 내적 재생산 문제, 청년들의 취업 문제, 여성들의 권리 등 많은 문제가 해결될 것이라고 짐작해볼 수 있을 것이다. 그리고 부동산으로 떼돈을 번 한국의 경제 엘리트들도 지금보다는 좀 더 염치와 도덕을 탑재하게 될 것이다.

그날이 오면 정말 나는 기쁜 마음으로 그다음 10년의 논의와 변화를 모아 이 책의 개정판을 내게 될 것이다. 우리 공동의 문제는 지금보다 훨씬 많은 사람들이 사회적 논의에 참여할 때 비로소 해결의 단초를 찾을 수 있다. 법률을 정해 해결할 수도 없고, 그렇다고 도덕적인 호소만으로 해결될 문제도 아니다. 사회적 논의를 보다 체계적으로 수행할 수 있으려면 사회과학을 공부해야 한다. 그러니 내가 더 많은 사람들에게 사회과학으로의 초대장을 보낼 수밖에는 없지 않은가? 다음 10년, 새로운 희망을 여러분과 함께 꿈꾸고 싶다.

# SOCIAL SCIENCE FOR YOU & ME

# 1
## 지금, 우리에게는 사회과학이 필요하다

저는 지금도 사회과학이라는 말만 들으면 가슴이 떨립니다. 사회과학은 학문의 기본이기도 하고, 예술의 기본이기도 합니다. 이 강좌를 통해 바라는 것은 좋은 독자를 양성하는 것이 아닙니다. 좋은 독자에 머물 게 아니라 언젠가 자신의 얘기를 책의 형식이든 아니면 예술의 형식이든, 나름대로의 방식으로 풀어나갈 수 있는 그런 1차 저자들이 많이 생겨났으면 합니다.

1 • 지금, 우리에게는 사회과학이 필요하다

## 우리가 사회과학으로
## 말할 수 있는 것들

 자, 지금부터 여러분과 함께 사회과학으로의 첫발을 디뎌보겠습니다.
 지식이나 학문에 우열이 있을 수 있을까요? 경제학이 법학보다 우월하고, 경영학이 문학·사학·철학보다 뛰어나다고 말할 수 있을까요? 물론 현실적으로 취업 시장에서는 돈 되는 학문과 당장 응용이 불가능한 학문을 구분하기도 합니다. 그러나 그건 시장이란 현실이 만들어내는 단기간의 왜곡일 뿐입니다. 우리에게 지식이 필요한 것은 직장생활과 같은 경제적 활동만을 위해서는 아닙니다. 삶이 제대로 된 모습을 갖추기 위해서는 많은 지식이 필요하고, 그 지식들이 적절히 결합될 때 삶은 풍요로워질 수 있습니다. 이럴 때 사회과학이 도움이 될 것이라는 생각을 저는 해왔습니다.

사회과학이란 말 자체가 낯설거나 어렵게 느껴지는 분들이 많을 겁니다. 사전적인 의미로 사회과학은 인간 사회 현상을 과학적으로 연구하는 모든 경험과학을 말합니다. 사회학, 정치학, 법학, 행정학, 심리학 등이 사회과학에 포함됩니다. 우리가 사회라는 틀 안에서 살고 있음을 깨닫고, 그 틀 안에서 생겨난 문제점을 함께 논의하고 해결하는 과정에 사회과학의 인식과 도구가 필요합니다. 복잡한 세상을 자신의 눈으로 읽고 해석할 수 있는 능력을 높이는 힘이 사회과학 공부에 있습니다. 다른 학문이나 도구가 줄 수 없는 기초적인 힘이지요.

한국에서 사회과학은 또 다른 중요한 의미를 갖습니다. 사회과학은 많은 사람들의 희망이었습니다. 지금의 인문학과 교양이 갖는 사회적 의미는 20~30년 전 사회과학이 이 땅에서 누렸던 영광에 기반한 것이라고 할 수 있습니다. 저는 지금도 사회과학이라는 말만 들으면 가슴이 떨립니다. 1980년대에는 사실 대학에서 사회과학을 가르쳤다기보다 동아리나 각 과의 학회 같은 곳에서 학생들 스스로 공부하고 토론함으로써 사회과학의 기초적인 내용들을 익혔습니다. 지금은 그런 식의 학습 통로가 사라지다 보니 기초 교육에 맹점이 생겼다고 할까요. 대학생들을 가르치면서 종종 그런 아쉬움을 느꼈습니다.

지금부터 학창시절로 돌아가 동아리나 학과 혹은 소모임에서 열정을 불태우며 공부했던 기억을 되살리면서 즐겁게 공부할 수 있었으면 합니다. 발제를 맡아 책 내용을 정리하던 기억을 되살려 강의 끝부분에 제가 내드리는 문제에 대해 간단한 쪽글도 써보시고요.

# 데카르트의 코기토 선언과
# 공자의 깨달음

그럼 시 한 편을 감상하며 시작해볼까요?

### 공자의 생활난

꽃이 열매의 상부上部에 피었을 때
너는 줄넘기 작란作亂을 한다.

나는 발산發散한 형상形象을 구하였으나
그것은 작전作戰 같은 것이기에 어려웁다.

국수 — 이태리어語로는 마카로니라고
먹기 쉬운 것은 나의 반란성叛亂性일까.

동무여, 이제 나는 바로 보마.
사물事物과 사물의 생리生理와
사물의 수량數量과 한도限度와
사물의 우매愚昧와 사물의 명석성明晳性을,

그리고 나는 죽을 것이다.

김수영 시인이 1950년에 발표한 시 〈공자의 생활난〉입니다. 그의 데뷔작인 셈이죠. 1950년이면 한국전쟁이 발발한 해입니다. 김수영과 함께 한국의 모더니즘이 출발한 해이기도 하고, 우리나라에서 법적으로 공교육이 시작된 해이며, 경제개발계획이 논의되던 때입니다.

'꽃이 열매의 상부에 피었을 때', 문명이 만개하고 때가 되었다는 의미겠죠? '너는 줄넘기 작란을 한다', 사람들이 무언가를 시작하는군요. 무엇인지는 모르겠지만 새로운 것들이 잉태될 조짐을 보인다는 의미 아닐까요? '나는 발산한 형상을 구하였으나, 그것은 작전 같은 것이기에 어려웁다', 제가 아주 좋아하는 구절입니다. 모든 것을 수단으로 생각하지 말라고 지적할 때도 인용하고, 대단한 거 한답시고 이런저런 작당하지 말라고 할 때도 인용합니다.

그리고 다음 문장은 이 시의 하이라이트예요. '동무여, 이제 나는 바로 보마.' 이 문장은 한국의 모더니즘 선언이자 김수영 식 코기토cogito 선언입니다. "나는 생각한다, 고로 존재한다"는 데카르트의 코기토 명제이고요. '사물과 사물의 생리'는 생물학적 혹은 생태적 개념이면서, 물리적 본질에 관한 얘기입니다. '사물의 수량과 한도'는 양적 개념이면서 계량적 정의에 대한 언급입니다. 앞의 것은 정성적인 것이고 뒤의 것은 정량적인 것입니다. 그다음 문장은 '사물의 우매와 사물의 명석성', 이건 절대 진리나 깨달음에 관한 이야기이지요. 즉 '바로 보겠다'고 선언하고, 그렇게 보아야 할 세 가지 범주를 깨달은 것입니다.

그리고 다음 문장이 이어집니다. 이제 드디어 우리가 진리를 깨달았는데, 김수영은 '그리고 나는 죽을 것이다'라고 말합니다. 공자가 '아침에

도를 들으면 저녁에 죽어도 좋다朝聞道夕死可矣'라고 말했죠. 바로 그 얘기입니다. 시의 제목과 관련되기도 하고요. 만약 다른 제목이었다면 이게 무슨 뚱딴지같은 소리냐고 하겠지만, 이미 우리는 이 시가 공자에 관한 얘기라는 것을 알고 있잖아요?

동양적인 의미에서 데카르트의 코기토 선언은 공자가 말한 것처럼 도를 깨달은 것과 마찬가지인데, 공자 식의 깨달음은 그 도를 듣기라도 하면 죽어도 좋다는 것 아닙니까? 코기토 선언이 깨달음의 출발점이라면, 공자의 도는 깨달음의 궁극적인 순간이라고 할 수 있죠. 이 시를 한국식 모더니즘의 선언이라고 부르는 것은, 과학적이며 수량적인 서양의 학문 체계를 받아들이면서도 동시에 공자가 얘기했던 '궁극의 도'를 버릴 수 없는 우리의 현실을 명확하게 보여주었기 때문입니다.

저는 앞으로 13강을 진행하면서 김수영이 말했던 사물의 생리, 수량과 한도, 우매와 명석함, 이런 것들을 여러분과 함께 찾아가보려 합니다.

## 사회과학이란 무엇인가

서양 철학에서 절대 진리라고 부르는 로고스logos가 처음 등장한 것은 소크라테스 사건을 통해서입니다. 소크라테스 이전에는 귀족의 자제들에게 웅변술 같은 것을 가르치던 소피스트들의 시대였죠. "외치는 자의 외침이 진리가 되게 하라!" 그야말로 설득만 잘하면 모든 것이 옳다고 우길 수 있는 상대 진리의 시절이었습니다. 아테네가 안정을 누리던 시기였기에 가능한 일이었죠.

그런데 아테네에 위기가 옵니다. 페르시아가 쳐들어온 거죠. 안정이 깨진 순간, 상대 진리가 난무하는 시기는 더 이상 유지될 수 없게 되었습니다. 이제는 서로가 합의를 도출해낼 수 있는 기준이 필요하게 되었고, 그 한가운데에서 절대 진리, 로고스가 탄생합니다.

소크라테스는 이 전쟁에 참전한 병사였으며, 신전의 벽돌을 조각한 건축가였습니다. 우리 식으로 말하면 중인 출신인 셈이죠. 어느 날 "세상에서 제일 똑똑한 사람은 소크라테스다"라는 아테네의 신탁이 내려집니다. 이 신탁에 맞서 소크라테스는 자신보다 더 똑똑한 사람을 찾아 나섰습니다. 아테네 여신이 똑똑하다고 하면, "네 고맙습니다" 하면 될 것을 굳이 아니라는 걸 보여주겠다고 길을 떠난 그도 참 지독한 사람이지요.

그런데 그가 만난 사람들이 모두 하나같이 자기가 잘하는 것을 기준으로 세상 모든 것을 설명하려 한 겁니다. 소크라테스는 혀를 차면서 말했죠. "나는 내가 모른다는 것은 아는데, 저들은 그것조차 모른다!" 이게 우리가 알고 있는 저 유명한 말 "네 자신을 알라"의 탄생 배경이죠. 세상에 처음으로 등장한 절대 진리입니다. 이렇게 철학사에 얼굴을 내민 로고스는 이성을 중심으로 한 데카르트 시대에 다시 한 번 주목을 받게 되고, 헤겔에 의해 고전 철학으로 완성됩니다.

고전적인 의미에서 철학은 두 가지로 나뉘는데, 하나가 존재론이고 또 하나가 인식론입니다. 존재론은 "있는 게 왜 있냐?"는 질문이죠. 신이 있으라고 해서 있는 것인가 아니면 자기 마음대로 있는 것인가, 그도 아니면 제5원소에 의해서 구성되는 것인가. 존재의 근원에 관한 질문입니다. 인식론은 그다음에 오는 질문으로, 그렇다면 우리는 그 있는 것을 어떻게 아는가, 혹은 우리가 그걸 알 수 있기는 한 것인가라는 물음에 해당합니다.

여기 생수 한 통이 있죠? 이게 있다는 걸 우리는 어떻게 알죠? 만질 수 있으니까 안다? 혹은 보이니까 안다? 사실 색이라는 것도 일종의 환각 아니겠어요? 게다가 보이지 않는 것, 예를 들면 정의, 진리, 도덕, 이런 게 존재한다는 것을 우리는 어떻게 알 수 있죠? 인식론은 바로 그런 질문입니다.

기술의 발달로 3D 입체 영상에서 더 나아가 촉감까지 느낄 수 있는 4D 이상이 되면 이제 사물의 본질과 우리가 느낄 수 있는 것 사이의 경계가 점점 허물어집니다. 그렇다고 해도 우리는 게임 속의 사물은 허상이고, 본질은 게임 밖에 있다는 것을 여전히 알고 있습니다. 그런데 이걸 어떻게 알죠? 인식론은 바로 이 문제를 다루는 철학입니다. 그리스 시대 이후로 존재론과 인식론이 철학의 큰 줄기가 되었고, 우리가 '사회과학방법론'을 통해서 살펴보려고 하는 것 또한 바로 이 인식론입니다.

존재론과 관련된 질문들은 형이상학이라고 부르기도 합니다. 보통은 신과 같은 절대자의 존재로부터 본질을 유추하는 접근들을 얘기하죠. 형이상학은 메타피직meta-physics을 번역한 말이고, 반대말은 피직스physics, 즉 요즘 식으로 표현하면 과학science 정도가 되겠죠. 신과 같은 절대자로부터 출발할 것인가 아니면 존재하는 물질 그 자체에서 출발할 것인가, 신학과 과학의 분기점이 바로 이 지점입니다. 형이상학은 신이라는 절대 존재의 정언명령定言命令에 따라서 존재의 원칙을 재구성하는 것인 반면, 과학은 신같이 어려운 건 잘 모르겠고 증명하거나 실험하거나 관찰된 것으로만 얘기하자, 이런 식의 접근이라고 할 수 있겠죠. 우리가 사회과학이라고 얘기할 때는 바로 이런 과학을 말하는 겁니다. 그러니까 형이상학이 아니라 과학이라고 말할 수 있습니다.

사회과학을 사회에 관한 과학 정도로 이해한다면, '방법론'이라는 표현은 존재론과 대비되는 인식론 정도로 생각하면 되겠습니다. 사회 현상이 존재한다는 것이 하나의 이론이라면, 우리가 도대체 그것을 어떻게 알 것인지, 즉 인식의 수단에 대해 논하는 것을 방법론이라고 할 수 있습니다. 방법론과 인식론 사이에는 뉘앙스의 차이가 있는데, 1950~60년대에 유럽에서는 주로 인식론이라고 불렀고, 영미권에서는 방법론이라고 불렀습니다. 아마 유럽 쪽이 철학적 성향이 좀 더 강해서 그런 모양입니다.

## 사회과학이
## 사회를 살릴 수 있는가

학문과 사회의 관계를 살펴보기 위해 네덜란드 얘기를 하겠습니다. 영국의 엘리자베스 여왕이 스페인의 무적함대를 무찌르고, 세계의 패권을 차지하게 되죠. 그런데 세계 경제의 패권이 스페인에서 영국으로 넘어가기 전에 비록 짧은 기간이지만 힘의 공백기가 있었어요. 그 공백기에 세계를 지배한 나라가 바로 네덜란드입니다.

당시 네덜란드는 인도네시아를 중심으로 아시아 국가들을 지배했는데, 일본에 서양 학문을 전파한 것도 바로 네덜란드입니다. 일본인들이 말하는 난학蘭學이 바로 네덜란드 학문을 의미하죠. 일본의 근대 학문은 네덜란드에서 들어온 셈입니다. 최근에 공정무역의 상징 마크로 쓰이는 막스 하벨라르 아시죠? 이게 바로 네덜란드가 인도네시아 사람들을 노예로 부리던 얘기를 담은 네덜란드 소설 《막스 하벨라르》◆에서 나온 겁니다. 네덜란드의 암스테르담에서 유통되었던 인도네시아의 커피 브랜드가 바로 자바 커피예요. 이 소설을 쓴 에두아르트 데케르는 자바 섬에 근무하던 네덜란드의 공무원이었죠. 노예농업과 플랜테이션, 이런 것들의 원조가 바로 네덜란드입니다.

그런데 이 시기 네덜란드에는 유명한 경제학자나 사회과학자가 없었습니다. 산업혁명 당시 영국은 애덤 스미스부터 리카도까지 일련의 학자들을 배출했죠. 프랑스도 케네, 시스몽디, 생시몽, 장 밥티스트 세이 같은 학자들이 있었죠. 이후에 미국과 독일에서도 뛰어난 경제학자들이 배출되고요. 그러나 세계를 지배했던 네덜란드에는 이렇다 할 경제학자가 없었어요.

제국 시절 네덜란드에는 왜 경제학자나 사회과학자가 없었냐는 질문

---

◆ 《Max Havelaar》: 네덜란드 통치하의 인도네시아에서 지방관을 지낸 에두아르트 데케르(Eduard Douwes Dekker, 1820~1887)가 물타툴리라는 필명으로 1860년에 발표한 소설. 자신의 체험을 통해 네덜란드 식민통치의 기만성과 학정을 풍자했으며, 그의 정열적 이상주의는 근대 네덜란드 문학에 큰 영향을 끼쳤다.

에 대해서, 유럽 사람들은 당시 네덜란드가 너무 번성했기 때문이라고 해석합니다. 한창 흥할 때는 모든 일이 다 잘 풀리기 때문에 굳이 학문이라는 게 필요 없었다는 거죠. 사실 사회과학이라는 게 사회적인 문제가 생겨야 발달하는 거지, 그런 문제 자체가 없다면 필요 없는 학문일 수도 있죠.

이를테면 미국은 인종주의에 관한 연구가 발달되었잖아요. 흑인들과 어떻게 잘 지낼 것인가가 미국에서는 굉장히 큰 문제였으니까요. 반면 우리나라엔 인종주의에 관한 연구가 전무한 편이죠. 우리에게는 그런 문제가 없으니까요. 대신 우리는 지역감정에 대한 연구가 발달되었죠. 실제로 지난 10년 동안 지역 차별을 어떻게 최소화할 것인지가 정치학이나 행정학 분야에서 매우 중요한 논문 주제가 되었습니다. 일종의 '전라도학' 같은 것 아니겠어요?

사회과학의 경우에는 학문의 변화가 사회의 변화를 이끄는 예는 거의 없습니다. 언제나 사회가 학문보다 먼저 변하죠. 1970~80년대 격동의 시기를 겪던 중남미를 두고 당시 중남미 현실을 알려면 중남미 학자들의 책을 보지 말고 중남미의 예술을 봐야 한다는 말이 있었죠. 사회가 너무 빨리 변하다 보니 학문이 따라갈 수 없었던 겁니다. 하지만 예술은 최소한 학문보다는 빠르죠.

네덜란드는 흥할 때도 정신 없이 올라갔지만, 망할 때도 급속도로 내려온 셈입니다. 이런 조건에서는 학문이 미처 발달할 수도 없었을 뿐만 아니라, 사회가 망하는 것을 학문이 막아낼 길도 없었겠죠. 제가 보기엔 지금의 한국이 이 당시의 네덜란드와 비슷합니다. 뭐가 문제인지 파악이라도 해야 대책이 생기는 법인데, 성장 일변도로 급변하는 사회에서는 그런 문제를 살펴봐야 한다는 인식조차 생기지 않습니다. 앞에 거론했던 소설《막스 하벨라르》의 작가 데케르 같은 사람은 네덜란드의 식민지에서 공무원으로 근무하면서 모국인 네덜란드의 문제를 인식하게 된 겁니다. 그는 "이런 식으로 가다간 망한다"고 경고를 했었죠. 그러나 네덜란드 학계는 일개 공무원이 던진 제안이라며 무시하고 그를 외국으로 쫓아버립니다. 데케르는 망명객으로 유럽 전역을 떠돌다가 외롭게 죽었죠.

한국 사회도 학문의 눈으로 볼 때는 이런 식으로 망할 가능성이 높습니다. 이공계가 죽었다, 인문과학이 죽었다고 하잖아요. 이런 기초 학문을 살려야 한다고 목소리를 높인다는 건 이미 손을 써볼 도리가 없을 정도로 바닥이 붕괴하고 있다는 반증 아닐까요.

네덜란드 얘기는 우리의 약점을 드러내는 사례였고요, 이번에는 우리의 강점을 드러내는 사례를 하나 얘기해보겠습니다. 호주 얘기입니다. 지난겨울에 잠깐 호주에 머무른 적이 있습니다. 시드니에 있는 대학 근처의 큰 서점들에서 호주사史 책을 아무리 찾아도 없더군요. 아프리카의 작은 나라에도 자신들의 부족사가 있는데, 호주 정도면 국민소득 4만 달러가 좀 넘으니 어느 정도 먹고살 만할 텐데 왜 호주사 책이 없을까 싶었습니다. 한나절을 찾아 헤매도《키워드로 본 호주》같은 책만 있더군요.

그래서 곰곰이 생각해봤더니, 이유가 있었습니다. 한국에는 독립 영웅들이 있죠. 김구, 유관순, 안중근…… 관점에 따라서 차이가 있긴 하지만 어쨌든 역사적인 인물들이라고 대부분의 국민이 동의하는 그런 독립 영웅들이 있잖아요? 한국, 인도, 미국, 전부 다 독립 영웅들의 신화가 있는 나라들입니다. 그런데 호주에는 이런 독립 영웅이 없더라고요. 어떻게 식민지에서 독립한 나라가 독립 영웅이 없지? 그래서 한참 이것저것 뒤져봤더니, 호주는 독립을 한 게 아니라 독립을 당한 것이더군요.

마치 요즘 달러화 위기가 오는 것처럼 19세기 후반 영국에 파운드화의 위기가 옵니다. 당시에는 기축통화가 파운드화였는데, 1945년 제2차 세계대전의 종전과 함께 달러화에게 자리를 내놓게 되죠. 어떻게 보면 파운드화의 위기에 대한 국제 금융체계의 조정이 실패한 결과가 바로 두 차례에 걸친 세계대전이라고 할 수 있습니다. 영국이 파운드화의 위기 속에서 식민지들을 재정비하는데, 이 과정에서 호주가 독립된 겁니다. 호주는 1900년에 연방헌법을 만들고 독립이 됩니다. 독립을 당한 셈이죠. 당시 상황을 보면 독립을 위해 싸운 게 아니라 모국으로부터 떨어지지 않으려고 싸웠습니다. 수상이 지금의 위치를 차지한 게 그렇게 오래되지 않습니다.

호주는 형식적으로 영국 국왕이 임명하는 총독이 있는 특이한 정치 체계를 가지고 있습니다. 1975년 이 형식적 총독이 예산안 문제로 수상을 해임하는 일이 벌어지면서, 실제적인 정치적 독립은 그 이후에 이루어진 것으로 봅니다. 독립된 뒤에도 호주는 여전히 영연방에 속해 있습니다. 최근에는 영국보다 미국의 영향권에 더 가까워지고 있더군요. 가끔 호주 사람들한테 "한국도 당신들처럼 식민지였다"고 얘기하면 좀 어색해해요. 자기들은 식민지가 아니었다는 거죠. 그런 특이성 때문에 독립된 국가로서 호주사를 연구해야 한다는 내부 동기가 별로 없는 것 같았습니다. 우리는 독립을 쟁취하면서 뭐가 되었든 좋은 나라를 만들고 싶다는 열망이 있었잖아요. 그런 힘이 바로 위기에서 우리를 구한 희망의 원천이었기도 하고 말예요. 여전히 많은 사람들이 한국사를 중요하다고 생각하는 것이 호주와 우리의 차이일 것입니다.

## 사회과학의 르네상스를 위하여

제가 사회과학 르네상스를 얘기하기 시작한 건 2, 3년 전부터였습니다. 유럽의 '마르크시스트 르네상스'란 말에서 힌트를 얻었죠. 1970년대 중반쯤 프랑스 등 유럽의 마르크시스트들이 앞 다투어 책을 내던 시기가 있었어요. 루이 알튀세르를 비롯한 좌파 지식인들이 활약하던 시절이죠. '68 혁명의 출판사'라고 할 수 있는 마스페로Maspero가 이 시기에 그야말로 맹활약했습니다. 그리고 1974년에 1차 석유파동이 터집니다.

세계경제에서는 1945년부터 1974년까지를 '영광의 30년'이라고 부릅니다. 경우에 따라서는 케인스의 시대라고 부르기도 하고, 폴 크루그먼◆ 같은 사람은 '대압축Great compression' 시대라고 부르기도 합니다. 경제의 상층부와 하층부의 격차가 좁혀지고, 중산층이 광범위하게 등장하던 시

---

◆Paul Krugman(1953~): 미국 프린스턴 대학 경제학 교수. 세계적으로 가장 영향력 있는 경제학자 가운데 한 명으로 꼽히며 2008년 노벨경제학상을 수상했다.

기, 어떻게 보면 평범한 사람들이 집단적으로 풍요와 행복을 누렸던 시기죠. 또한 이 시기는 자본주의와 사회주의가 격렬하게 체제 경쟁을 벌이던 냉전 시기이기도 했습니다. 제3세계 국가들이 사회주의로 넘어가지 않도록, 제1세계의 잘사는 나라들이 전례없는 '우정과 환대'를 베풀던 시기이기도 했죠.

이런 상황에서 1974년에 석유파동이 터지게 됩니다. 사람들은 극도로 불안해했죠. 1929년 대공황 이후 다시 한 번 자본주의 체제에 공포감을 느끼고, 동시에 한 번도 겪어보지 못한 자원 위기를 맞게 된 셈이니까요. 처음으로 인류가 자원 부족으로 망할지도 모른다는 염려가 확산되면서 이른바 로마 클럽 보고서도 이 해에 나옵니다. 언젠가는 석유가 고갈될 것이고, 지금 당장 대체 에너지를 개발해야 한다는, 21세기를 지배하는 담론들의 원형이 모두 이 시기에 나오게 됩니다. 그때도 지금과 다르지 않아 한쪽에서는 위기라고 말하는데, 정부에서는 기다리면 해결된다고 큰소리쳤었죠. 그러다가 1977년에 2차 석유파동이 터집니다. 그렇게 불안한 정세 속에서 마르크시스트 르네상스라는 게 펼쳐집니다.

두 차례의 석유파동을 맞으면서 사람들은 과연 우리의 미래가 어떻게 될 것인가라는 질문을 던지게 됩니다. 우리가 흔히 주류 경제학이라고 부르는 게 '신고전학파'의 경제이론을 말하는데, 이 이론은 '균형'이라는 개념 위에 서 있습니다. 시간이 지나면 자동적으로 균형이 달성될 것이라는 게 이 이론의 가장 큰 가설이죠. 그런데 이 이론의 결정적인 약점은 위기에 대한 이론, 즉 '공황론'이 없다는 거예요. 그러니까 이런 이론을 현실에 적용하는 경제학자나 경제 전문가는 "기다리면 문제가 해결된다." 이렇게 말하는 수밖에 없죠. 2008년의 세계 금융위기 때도 비슷한 내용의 정부 발표를 많이 들어보셨을 겁니다.

반면에 마르크스 경제학은 자본주의가 결국 망한다는 것이 가장 큰 테제입니다. 매번 망한다고 하면서 설명 방식이 조금씩 바뀌기는 하지만, 근본적으로 자본주의의 모순과 위기가 이론의 기본 축이죠. 현실적으로 위기를 맞게 되면, 주류 경제학은 아무런 설명을 해주지 않는 반면, 마르크시스트들은 비록 반복되는 주제이긴 하지만 그나마 할 얘기는 있는 셈입니다. 경제 위기가 반복적으로 발생하면서 점점 심화되면 마르크시스트가 다시 주목을 받는 이유가 바로 이 때문입니다.

그 당시 마르크시스트들의 주장이 과학적으로 과연 옳았나, 혹은 지금도 타당한 것인가 하고는 별개로 그들의 논리가 사회과학을 풍성하게 만들어준 것은 사실입니다. 또, 마르크시스트 르네상스가 학계나 언론에만 영향을 미친 호사가들의 말잔치로만 끝난 것은 아니었습니다. 프랑스의 경우, 1980년에 미테랑이 집권하면서 드골 파가 지배하던 보수주의 공간에 처음으로 좌파 정부를 세우게 됩니다.

한국에서 사회과학이 화려하게 꽃피었던 절정기는 대체로 1987년부터 1995년 사이라고 할 수 있습니다. 1987년 6월 항쟁으로 대통령 직선제가 이뤄지고 노태우 대통령이 당선된 후 유화국면을 맞게 되면서 금서들이 막 쏟아져 나왔거든요. 이 시절에는 사회과학 책이 수십만 부 이상 팔리는 게 다반사였습니다. 사회과학이란 이름만 달면 날개 돋친 듯 팔려나갔죠. 레닌이나 마르크스의 편지 모음도 이때 다 발간되었습니다. 금서라서 공식 베스트셀러 집계에는 잡히지 않지만, 금서로 책장 하나를 채우는 대학생들이 많이 등장했지요. 진짜 꿈 같은 시절이었습니다. 그런 시절이 다시 올까요?

사회과학은 학문의 기본이기도 하고, 예술의 기본이기도 합니다. 저는 대학교 1~2학년 때는 이런 기본을 이루는 학문을 공부해야 한다고 생각합니다. 그런데 독자층을 분석해보면 좀 막막합니다. 80년대의 사회과학 독자와 비교하면 지금은 폭이 굉장히 좁아졌고, 독서의 기초 체력도 약해진 듯싶습니다.

독자층이 취약해진 것뿐만 아니라 저자군도 아주 빈약해진 상황입니다. 80년대에서 90년대까지는 주력 저자군이 박사과정 2, 3년차들이었습니다. 당시 대학원생이던 이진경 씨가 《사회구성체론과 사회과학 방법론》을 내면서 이름을 날렸죠. 최소한 사회과학 분야에서 학부생이나 대학원생들에게 이진경 씨는 롤 모델이었습니다. 그런데 요즘은 그 주력군들이 책을 쓸 수 있는 형편이 못 됩니다. BK21 같은 정부 프로젝트에 묶여서, 정작 자기 저작을 쓸 수 없게 된 거죠.

제가 '사회과학 르네상스'를 얘기하면서도 아직 답하지 못한 게 '누가?' 그리고 '어떻게?'라는 두 개의 질문입니다. 사회과학 르네상스를 위한 필요조건을 논리적으로 설명할 수는 있겠지만, 결국 중요한 것은 사람의 문제 아니겠어요? 사회과학이라는 건 제아무리 복잡하게 얘기해도 결국 사람의 문제니까요. 충분조건에 대한 고민이 이제부터라도 필요합니다.

이 강좌를 통해 바라는 것은 좋은 독자를 양성하는 것이 아닙니다. 좋은 독자에 머물 게 아니라 언젠가 자신의 얘기를 책의 형식이든 아니면 예술의 형식이든, 나름대로의 방식으로 풀어나갈 수 있는 그런 1차 저자들이 많이 생겨났으면 합니다. "좋은 독자가 되고 싶다"라고 얘기하지 말기 바랍니다. 언제가 될지는 모르지만 좋은 저자가 되고 싶다, 그렇게 생각하기 바랍니다. 나이나 학문의 깊이는 중요한 게 아닙니다. 최소한의 기초가 갖춰지면, 그다음에는 하고 싶은 얘기가 있는 사람, 그 사람이 바로 좋은 저자가 될 것이라고 생각합니다. 사회과학 방법론은 그런 '예비 저자'들에게 유용한 방법론을 제시해줄 것입니다.

첫 번째 쪽글

## 내 삶을 크로키 기법으로 묘사하기

크로키라는 글쓰기 기법이 있습니다. 인상과 단상을 짧게 그려내는 것으로, 스쳐 지나가는 느낌과 상황을 그 순간에 묘사하는 기법입니다. 저는 글쓰기 연습 방법으로 종종 애용합니다. 이런 방법으로 글쓰기 연습을 하면, 장황하지 않게 상황을 압축하면서도, 자신의 목소리를 담아내는 데 익숙해질 수 있습니다. 여러분이 살아온 삶을 간단하게 크로키 기법으로 묘사해보기 바랍니다. 요령은, 무겁지 않고, 길지 않게 쓰는 것입니다. 여러분의 이름이나 직업이 궁금한 것은 아니니까 A4용지 한 장 이내로 자신이 살아온 삶을 가볍게 터치한다는 마음으로 써보세요.

# SOCIAL SCIENCE FOR YOU & ME

# 2
## 착해지기 vs 똑똑해지기

사회과학은 사회가 지향해야 할 방향에 대해 얘기하지 않을 수 없습니다. 그렇다고 세상 사람들이 너무 이기적이라서 문제가 생겼으니 이젠 모두 '착해지자'라는 식으로 말하는 것 말고 다른 방법을 찾을 수는 없을까요? 저는 사회과학을 통해서 사람들을 착하게 만들기보다는, 집단적으로 함께 똑똑해지는 것이 가능하지 않을까, 하는 생각을 합니다.

2 • 착해지기 vs 똑똑해지기

## 빨강 머리 앤과 꿀벌의 우화

오랫동안 준비하고 있는 책 중에 '빨강 머리 앤의 경제학'이라는 주제가 있습니다. 마음만 먹고 있지, 도통 짬을 낼 수가 없어서 수년째 구상에만 머물러 있는 책이죠. 여성을 주제로 한 '젠더 경제학'과 켈트 족의 신화를 같이 분석할 수 있어서 꼭 써보고 싶은 책입니다. 2강은 바로 그 앤 얘기로 시작해볼까 합니다.

빨강 머리 앤이 대학에 가게 됩니다. 그때 앤을 키워주던 양부모들이 "우린 너에게 재산을 물려줄 수 없으니, 대신 대학에 보내주마"라고 말하는 장면이 나옵니다. 요즘 같으면 개리 베커*의 '인적자본이론'을 들먹일 수 있겠지만, 사실은 이 장면에 몇 가지 재미있는 시대적 맥락이 숨어 있습니다.

앤의 양부모는 사실 그렇게 가난하지 않았는데, 앤이 친딸이 아니라서 자신들의 재산을 물려줄 수 없다고 했을까요? 그렇지는 않죠. 양부모는 다소 맹랑하면서도 천진한 앤을 매우 사랑했습니다. 그런데 왜 재산을 물려주는 대신 대학에 보내주겠다고 했을까요? 소설을 계속 연재하기 위해서 몽고메리 여사가 그런 설정을 하지는 않았을 거고요.

앤의 양부모가 별다른 형제나 친척이 없는 앤을 대학에 보낼 수밖에 없었던 것은, 그 시기에는 여성에게 상속권이 없었기 때문입니다. 그래서 대신 대학 교육을 시킨 건데, 오늘날의 시각에서 보면 누구나 당연하다고 하겠지만, 사실은 그들이 바로 스코틀랜드 출신이라서 그런 결정을 한 것입니다. 스코틀랜드 사람들은 민족적으로는 프랑스나 스위스 사람들과 마찬가지로 켈트 족이었는데, 상당히 독특한 전통과 사고를 가지고 있었습니다. 공민교육을 강조했고, 동시에 여성들에게도 교육을 해야 한다는 생각을 일찍부터 가지고 있었습니다.

이기주의와 이타주의라는 논리가 바로 이런 스코틀랜드의 전통하에서 등장했습니다. 철학사에서는 신新금욕주의Neo-stoicism라고 부르기도 하죠. 단순히 금욕만을 강조한 게 아니라, 금욕도 이기적으로 하다 보면 그게 결국 이타적 결과를 낳을 수 있다는 의미에서 신新이 붙은 겁니다. 매우 스코틀랜드적인 생각인데, 결국 이 생각이 세계를 지배하게 되고, 우

---

◆ Gary C. Becker(1903~): 미국 시카고 대학 경제학 교수로 종래의 경제학이 자본과 토지 등 물적 자원을 중요시한 것과 달리 경제는 물론 모든 사회 현상의 근본으로서의 인적 자원을 강조한 인적자본이론의 창시자이다. 경제학의 분석 영역을 폭넓은 인간 행동과 상호작용으로 확대한 공로로 1992년 노벨경제학상을 수상했다.

리도 역시 그런 틀 안에서 살고 있습니다. 《국부론》의 저자 애덤 스미스나 공리주의를 기초한 제레미 벤담 같은 학자들이 모두 이러한 논의의 흐름 속에서 자신들의 이론을 만들어낸 것이죠.

국내에도 번역 출간된 버나드 만데빌의 《꿀벌의 우화》라는 책도 이러한 논리를 다루고 있습니다. 꿀벌은 누구를 위해서가 아니라 결국 자기를 위해서 열심히 일하는 것이고, 그렇게 스스로 먹고살려고 열심히 일을 하다 보니 꿀벌의 왕국이란 거대한 왕국이 돌아가는 것이다, 라고 저자는 주장합니다. 꿀벌들이 여왕벌에게 충성하려고 그러는 게 아니라는 거죠. 여기서 등장한 표현이 바로 'private vice, public virtue', 즉 개개인의 사악함이 모이면 공공선이 된다는 말입니다. 자기 맘대로 하는데 어떻게 조화를 이루고, 결국에는 공공선을 이룰 수 있을까? 이 문제를 푼 게 《국부론》에서의 시장 논리라고 할 수 있습니다.

애덤 스미스의 《국부론》에 보면 부지런한 빵장수 얘기가 나옵니다. 스미스는 자기 동네 빵이 정말 맛있고 값도 싼데, 그렇다면 빵장수가 자신을 너무 사랑해서 빵을 맛있게 구워 싸게 파는 걸까, 라고 묻습니다. 빵장수가 애덤 스미스를 사랑해서 싼 가격에 좋은 빵을 굽는다면 정말 무섭겠죠? 애덤 스미스는 그 빵장수가 자기를 사랑해서가 아니라, 스스로 먹고살기 위해서 누구보다 일찍 일어나 싼 가격에 곡물을 사다가 맛있는 빵을 만든다고 말합니다. 물론 《국부론》이라는 방대한 책에서 애덤 스미스가 이렇게 단순한 주장을 했다고 말할 수는 없죠. 더군다나 《도덕감성론》을 쓴 그가 모든 것을 인간 본성으로 환원했다고 볼 수도 없고요. 하지만 그가 주장한 시장 논리의 핵심을 빵장수 일화에서 볼 수 있습니다.

　이 얘기를 받아서 에밀 뒤르켐이라는 프랑스의 사회학자가 《사회분업론》이라는 책을 씁니다. 이 책에서 뒤르켐은 사회에는 '연대solidarity'라는 것이 있다고 말하면서, 연대를 '기계적 연대mechanical solidarity'와 '유기적 연대organic solidarity'로 구분합니다. 시장이 없을 때는 누군가가 시켜서 연대를 하게 되고, 시장이 도입되면 꼭 연대를 하지 않아도 자연히 노동 분업에 의해서 사회적 연대가 이루어진다는 거죠. 어떻게 보면 뒤르켐은 시장을 통한 분업을 매우 찬양한 사람입니다. 그런가 하면 오귀스트 콩트라는 사회학자는 이타주의autruism라는 말을 만들기도 했습니다. 사회학sociology이라는 말도 콩트가 만들었죠. 그래서 콩트를 사회학의 아버지라고 부르잖아요.

　콩트나 뒤르켐의 영향으로 이기주의나 이타주의가 프랑스 사회학에서 비롯된 것이라고 생각하는 경향이 있는데, 이름은 콩트가 붙였지만 사실은 앞에서 말한 스코틀랜드 식 사유에서 발전했다고 봅니다. 이 사람들이 미국으로 대거 이민을 가게 되고, 그 영향을 받은 선교사들이 한국에 와서 이기주의와 이타주의라는 말을 우리에게 전해주었습니다. 유럽 대륙은 인간의 본성을 이성과 오성 같은 조금 다른 방식으로 생각했습니다. 따라서 이기주의나 이타주의는 영국의 경험주의와도 다른, 독특한 스코틀랜드 전통에서 출현한 개념인 셈입니다.

## 이기주의 가설과
## 이타주의 가설

학문적으로는 경제학과 사회학에서만 거론되던 이기주의와 이타주의가 다시 한 번 전 세계적인 유행을 타게 된 건 리처드 도킨스의 영향이 큽니다. 《이기적 유전자》라는 책이 어마어마한 성공을 거두면서, 이기적 행위에 관한 논의는 이제 유전자 단위로 내려가죠. 결국 따져보면 우리의 행위는 자신의 유전자를 더 많이 퍼뜨리기 위한 진화 전략의 일환이라는 겁니다.

앞서의 꿀벌 얘기에 대입해보면, 이기적 유전자의 세계에서 여왕벌은 더 이상 여왕이 아니라 자매들에게 사육당하는 신세가 됩니다. 알을 낳는 일을 모두가 하기보다는 자매 중에서도 특화한 여왕벌이 전담하는 편이, 유전자의 성공적 확산에 더 유리하다는 전략이 적용된 셈입니다. 그런데 이처럼 우리 행위의 대부분을 유전자들의 이기적인 전략으로 설명할 수 있다는 주장이 과연 사회과학에서도 적합한 이론일까요?

게임이론에서 모두가 다 이기심만 가지고 전략을 짜면, 모두가 자신의 전략을 바꾸지 않는 균형 상태, 즉 '내쉬 균형'에 도달하게 됩니다. 하지만 이는 '죄수의 딜레마'와 유사한 결과, 즉 모두에게 바람직할 만한 결과 대신 그저 모두의 이기심만 충족시키는 결과를 얻기가 쉽죠. '내쉬 균형'은 영화 〈뷰티풀 마인드〉의 주인공인 바로 그 존 내쉬 박사가 주장한 이론입니다. 이걸 더 확장시켜서 진화게임이론 같은 복잡한 방식으로 문제를 풀어도 이 딜레마는 쉽게 사라지지 않습니다.

2000년대 이후, 이처럼 이기적인 행위만 일삼는 주체들 사이에서 어떻게 하면 착한 전략 혹은 평화적 전략, 즉 일종의 이타주의적인 행위를 이끌어낼 것인가를 두고 사회과학계가 뜨겁게 논쟁을 벌이고 있습니다. 이런 논쟁의 최첨단에 산타페 연구소Santa Fe Institute가 자리잡고 있습니다. 시스템 다이내믹스 분석으로 진화경제학 연구의 메카인 곳이지요. 한국에서는 경북대 최정규 박사가 《이타적 인간의 출현》에서 이 문제를 진지하게 다룬 적이 있습니다.

이타적 행위자를 우리말로 쉽게 표현하면 '착한 사람' 정도가 되겠네요. 남의 이익을 위해 행위하는 사람은 분명 착한 사람이겠죠. 물론 생물학에도 이기적 유전자에 대한 논의만 있는 것은 아닙니다. 린 마굴리스 여사◆의 내부 공생endosymbiosis 같은 개념도 주목받기는 하지만, 주류를 차지하는 건 여전히 이기적인 행위자 이론입니다.

그러나 기본적인 행위를 이기적 동기 혹은 이기적 유전자 하나로 설명하려면 종종 난관에 부딪히게 됩니다. 2001년 고故 이수현 씨가 일본 지하철역에서 선로에 떨어진 취객을 구하려다 안타까운 죽음을 맞았습니다. 이건 어떻게 설명할 수 있을까요? 이기주의 가설에 입각해서 설명하자면 고 이수현 씨를 이상한 사람이라고 말할 수밖에 없는데, 이런 설명은 아무래도 받아들이기가 어렵죠. 좀 더 골치 아픈 사례도 있습니다. 이

---

◆ Lynn Margulis(1938~ ): 미국의 생물학자로 매사추세츠 대학 교수이다. 원핵 세포들이 오랜기간 내부 공생해서 진화하여 진핵 세포를 이룬 것이 미토콘드리아의 기원을 이룬다는 공생이론으로 유명하다. 《생명이란 무엇인가》, 《섹스란 무엇인가》 등의 책이 번역돼 있다. 아들인 도리언 세이건과 공저 작업을 진행 중이다.

를테면 자살 폭탄 테러의 경우가 그렇습니다. 보는 시각에 따라서 범죄자와 민족 영웅의 선을 넘나드니까요. 가령 몇 년 전 부자父子 폭탄 테러리스트가 등장했을 때, 다른 형제도 없고 부자 둘뿐이었는데 이런 경우를 유전자의 보존이나 확산이라는 시각으로 과연 설명할 수 있을까요? 쉽지 않겠죠.

결국 이기주의적 행위만이 난무하는 사회에서 어떻게 이타주의적 행위를 유도할 수 있느냐를 묻는 게 최근 연구의 유행이자 흐름이 되었습니다. 예를 들면, 자기 주변이나 이웃의 영향을 받는, 소위 클러스터cluster 현상 같은 게 이런 연구에서는 중요해지죠. 착한 행위자들에 둘러싸여 있으면 자신도 그런 전략을 사용하는 게 장기적으로는 유리할 수 있고, 반대로 이기적인 행위자들 사이에 둘러싸여 있으면 자신도 마찬가지로 맞대응 전략을 쓸 수밖에 없습니다. 왜 특정 지역의 생활협동조합이나 유기농업이 다른 지역보다 더 잘되는지를 행위자 이론으로 설명하는 데는 클러스터 개념이 꽤 유용합니다. 공간 이론과 결합시키면 더 재미있는 얘기가 많이 나오고요. 어쨌든 이런 일련의 프로그램들을 '착한 사람 만들기 프로젝트' 정도로 부를 수 있을 겁니다.

요즘은 생협이나 공정무역, 기업의 책임 경영, 사회적 기업 등에 이르기까지, 사람들을 착하게 만들 수 있는 방법에 대한 논의가 그야말로 유행입니다. 경제적 지배구조에 관한 연구로 2009년 노벨경제학상을 탄 엘리노어 오스트롬Elinor Öström 여사의 주장도 크게 보면 이 흐름에 속한다고 볼 수 있습니다. 환경, 생태 분야에서만이 아니라 사회과학의 모든 분야에서 신자유주의가 만들어놓은 극단적인 경제 근본주의를 어떻게 극복할 것이냐, 신방임주의라고도 할 수 있는 이러한 흐름에 제동을 걸고자 하는 다른 흐름이 생겨난 셈이죠.

그런데 여기 문제가 좀 있습니다. '착해지기'가 크게 보면 일종의 계몽 프로그램이기도 한데, 도대체 지금 누가 누구에게 이래라 저래라 말할 수 있겠습니까? 이른바 탈계몽, 탈권위의 흐름 속에서 '착해지기'가 갖는 현실적인 어려움이 존재합니다. 네가 뭔데 이래라 저래라야, 당장 이런 반발이 나올 수 있죠. 또 대중을 수동적인 계몽의 대상으로 보는 사회과학이 과연 우리가 앞으로 추구해가야 할 방향인가 하는 고민도 있습니다.

직설적으로 말하자면, 사회과학은 직접 길을 제시하든 아니면 간접적으로 변화의 방향을 암시하든, 결국은 사회가 지향해야 할 방향에 대해 얘기하지 않을 수 없잖아요. 그렇다고 세상 사람들이 너무 이기적이라서 문제가 생겼으니 이젠 모두 '착해지자'라는 식으로 말하는 것 말고 다른 방법을 찾을 수는 없을까요?

## 인간의 본성은
## 바뀔 수 있는가

'성찰'이라는 단어가 한국 사회에서 한참 동안 유행한 적이 있습니다. 원래 독일 성찰학파에서는 그런 의미로 쓰인 게 아닌데, 한국에서는 일종의 자기반성이라는 의미를 갖게 되었습니다. 가만히 생각해보면, '우리가 나쁜 사람들이라서' 이런 일이 생긴 것이고, 그러므로 우리가 '착해지는 것'이 문제를 푸는 방법이다, 그런 의미를 내재하고 있죠. '인문학적 성찰'이라는 데에는 이기주의에서 이타주의로 전환해야 한다는 사고가 강하게 내재되어 있는 셈입니다.

그런데 21세기에 우리에게 닥친 문제점들이 과연 우리가 나빠서 생긴 것인가요? 우리가 착해지기만 하면 해결될 만한 문제들인가요? 1980년대 전가의 보도처럼 사용되었던, 아주 머리 아팠던 주제인 '품성론'이 떠오르네요. 사회의 모든 문제를 개개인의 품성으로 환원시키면, 결국은 획일적 도덕주의 외에는 도달할 곳이 없어 보입니다. 게다가 이런 품성론에 갇히면 토론이나 논의 자체가 불가능해집니다. "네가 이런 질문을 하는 것은 네 품성이 사악하기 때문이야!"라고 몰아붙이면 그만이니까요.

글쎄요, 원래 학자는 사악한 사람입니다. 그러니까 남들은 다 대충 그런가보다 하는 일에 대해서, 도대체 이게 왜 이래야 하지? 하고 의문을 집요하게 품는 사람들이 공부를 하죠. 품성은 설명이 쉽고 직관적인 반면, 양날의 칼처럼 베는 사람이나 베이는 사람 모두를 다치게 할 위험이 있습니다. 품성을 강조하다 보면 개개인의 개성이나 독특한 취향을 무시하게 됩니다.

과연 인간의 본성은 바뀔 수 있을까요? 저는 일단 성인이 된 뒤에는 사람의 본성은 쉽게 바뀌지 않는다고 봅니다. 그러나 성인이 된 뒤에도 새로운 정보는 습득할 수 있으니 생각은 바뀔 수 있겠죠. 이게 제가 '똑똑해지기'라는, 조금은 다른 방식의 사회과학적 접근을 고민하는 이유입니다. 덧붙여서 경제학에서 말하는 것처럼, '구성의 오류fallacy of composition'에 대한 지적을 할 수 있습니다. 레이몽 부동◆ 식으로는 '사악한 결과perverted effect'라고 할 수도 있겠죠. 모든 사람이 착한 의도를 갖고 있다고 해서 반드시 그 시스템이 착한 결과를 가져온다는 보장은 없다는 겁니다.

명탐정 홈스가 어느 날 한적한 시골길을 걸으면서 왓슨 박사한테 묻습니다. "자네는 이런 시골 마을을 보면 무슨 생각이 드나?" 선량하지만 언제나 헛다리를 짚는 왓슨은, 당연히 선한 사람, 고향의 느낌, 자연의 풍취, 이런 얘기들을 늘어놓습니다. 그런데 홈스는, 살인사건을 숨기려는 시골 사람들의 모의, 범죄의 느낌에 대해서 얘기하죠. 선한 사람들이 모여서 악한 짓을 하는 경우가 생각보다 많습니다.

영화 〈이끼〉의 마을 사람들이 처음부터 무서운 존재였던 것은 아닐 겁니다. 공동체 내에서의 싸움이 주식회사의 주주총회에서 하는 싸움보다 더 격렬해질 가능성이 높죠. 차라리 돈이 걸린 싸움이라면 승패가 명확한데, 자존심이나 묘한 경쟁심이 맞붙으면, 그건 아무도 말릴 수가 없잖아요? 그렇게 보면 천사와 악마가 진짜 종이 한 장 차이일 거라는 생각을 합니다.

저는 이런 생각을 가끔 해봅니다. 종교의 세계가 아닌 사회과학의 세계에서 악한 본성의 사람을 착한 본성의 사람으로 바꿀 수 있을까? 과연

---

◆ Raymond Boudon(1934~): 알랭 투렌, 피에르 부르디외와 함께 현대 프랑스의 가장 영향력 있는 사회학자로 지목되며, '방법론적 개인주의'의 사회학자로 잘 알려져 있다.

사회과학 책을 읽고 본성이 바뀐 사람이 있을까? 혹은 그렇게 사람을 바꾸는 것이 과연 옳은 것일까? 저는 사람을 바꾸는 게 바람직하지도 않고, 또 사회과학이 사람을 바꾸려고 해도 곤란하다고 생각합니다. 사람을 바꾸기보다 사람에게 지식을 제공할 수 있을 뿐이죠. 사람 자체를 바꾸는 것보다 훨씬 적은 노력으로 지식을 전달해서 스스로 똑똑해지도록 만드는 것, 이건 가능하지 않을까요?

이런 논의를 생태학에서 의외로 쉽게 풀어볼 수 있습니다. 생태계 안에 있는 각각의 생명체들이 어떤 연관관계를 맺으며 살아가고 생명을 유지하는가를 살피는 학문이 생태학이라고 할 수 있죠. 생명이 착하다, 혹은 못됐다라고 얘기할 수 있나요? 생명이 착하고 나쁘다는 걸로 규정이 되나요? 이를테면 감기 바이러스가 나쁜가요? 바이러스도 살려고 우리를 공격하는 것 아니겠어요? 경쟁 중인 개체 입장에서 보면, 사람한테 빌붙어서 가축이 되는 편을 선택한 고양이나 강아지는 참 얄미운 존재 아니겠어요? 치사한 건데, 그것도 일종의 전략이죠.

개체수로 보면, 동식물을 통틀어서 가장 영악한 개체가 벼입니다. 벼는 벌써 수천 년 전부터 자기 스스로 확산되는 걸 포기하고, 인간의 입맛에 맞춰서 진화한 셈이니까요. 자기는 아무것도 안 하고 사람들한테 뿌리고 거두라는 거잖아요. 사과도 그런 놈이에요. 너희 인간은 단것 좋아하지, 내가 최고로 당도를 높여주지, 그렇게 진화한 것이죠. 다른 생물들이 보면 벼나 사과는 인간에게 빌붙는 치사한 놈들입니다. 논에 떨어진 다른 생명체를 우리는 잡초라고 부르고 뽑아내든가 아니면 제초제를 뿌려서 없애버리잖아요. 그러니 벼가 얼마나 유리한 조건에서 경쟁을 하는 거예요? 그런데 벼가 나쁜 건가요? 그것도 일종의 전략인 셈이지요.

이렇듯 생태계에는 전략 개념이 있을 뿐 선악 개념은 없습니다. 더 잘 적응했는가 그렇지 못한가로 성패가 구분되는 전략만 있는 셈이죠. 선악은 인간이 만든 가치관일 뿐입니다.

카니발리즘cannibalism이라는 무시무시한 단어는, 자기 동족을 먹는 걸 뜻합니다. 물고기 개체수 연구 모델에서 사용하는 변수 중에 종종 나오는데, 어미가 자기 알을 먹는 것을 이렇게 표현합니다. 몰라서 먹기도 하고 배고파서 먹기도 합니다. 어미의 생존 자체가 어려운 상황이 되면 자기가 낳은 알도 먹죠. 그렇다고 그 어미가 나쁜 종자냐면 그런 건 아닙니다. 이런 카니발리즘의 대표적인 종이 사마귀입니다. 교미 중에 암사마귀가 수사마귀를 먹잖아요. 사냥을 해야 하는데 교미가 끝나면 힘이 들어서 사냥을 할 수 없으니까, 지금 당장 뭘 먹지 않으면 종족이 멸종합니다. 결국 수컷이 일종의 영양분이 되어주는 겁니다. 그렇다면 이게 나쁜 건가요? 그렇게 말하기는 어렵죠. 사마귀는 단지 그런 방식을 선택한 것뿐이니까요.

좋고 나쁘다는 건 인간 세계에서 하는 얘기지, 생태계 내에 들어오면 무의미한 개념이거든요. 생태계의 세계야말로 적응, 전략, 효율성 그리고 지속가능성 같은 단어들만 남고, 착하다거나 나쁘다거나, 하는 말들은 의미가 없는 세계죠.

## 착해질 것인가
## 똑똑해질 것인가

어쨌든 사회에 문제가 있다고 인식하면, 문제를 해결하기 위해 사람들을 착하게 만들자는 주장이 있을 수 있고, 다른 한편으로는 사람들을 지혜롭게 만들어보자는 주장이 있을 수 있습니다.

저는 사회과학을 통해서 사람들을 착하게 만들기보다는, 집단적으로 함께 똑똑해지는 것이 가능하지 않을까, 하는 생각을 합니다. 사회과학을 같이 공부하는 것도 하나의 길일 수 있죠. 말하자면 '도서관 학파' 같은 것도 가능하고요. 도서관을 많이 보급해서 누구나 책을 볼 수 있게 하자는 주장도 사실 '집단적으로 똑똑해지기'를 실현하고자 하는 노력의 일환 아니겠어요.

2007년의 선거를 통해 미국의 정권이 바뀌었고, 2009년에는 일본의 정권이 바뀌었습니다. 미국의 선거 결과를 분석해보니, 전체 유권자의 2%가 그전 대선과는 다른 선택을 했더군요. 정당의 득표율로 따져보면 그렇습니다. 어떤 힘이 작용할 것일까요? 일본의 경우는 더한데, 전체 유권자의 20%가 지난 총선과는 다른 선택을 했습니다. 그때 인터뷰 자료를 살펴보니, 일흔 살의 일본 할아버지가 자기는 평생 자민당을 찍었는데, 이번에는 안 되겠다고 생각했다더군요. 상상이 되나요? 일본의 그 할아버지의 생각이 바뀌고, 판단이 바뀐 것입니다. 갑자기 이타주의가 생긴 것이 아니라 새로운 지식을 습득하면서, 이 상태로는 일본이 위험하다는 걸 알게 된 것이라고 봐야겠죠.

착해지는 게 과연 뭔지 기준을 정하거나 규정하기는 어렵습니다. 게다가 현실적으로 보자면, 사람들이 착해지는 속도보다 시스템 자체가 부패하는 속도가 더 빠를 겁니다. 한 명이 착하게 되면 열 놈이 나빠지게 되어 있죠. 기능적으로 생각해보면, 한 사람을 착하게 만드는 데 10년이 걸린다고 하면, 그 사람이 나빠지는 데는 하루면 충분하거든요. 착한 사람과 나쁜 사람이 싸운다면 어떤 경우라도 나쁜 사람이 이기게 되어 있죠. '착해지기 프로젝트'는 한계가 있습니다. 질문 자체를 바꾸는 수밖에 없습니다.

지식으로 움직이는 시스템은 특이성이 있습니다. 인간이 배운 걸 잊어버릴 가능성에 대해서 한 번 생각해볼까요? 술 끊었던 사람이 다시 술을 마시게 되는 데는 10분이면 족합니다. 그런데 지식이라는 건 한 번 습득하면 완전히 잊기가 어렵죠. 자기가 이미 습득해서 알고 있는 것들은 쉽게 없어지지 않거든요. 심리학에서도 그렇게 말하잖아요. 완전하게 잊는 것이 아니라 더 이상 끄집어내지 못할 뿐이라고 말예요. 장기기억 소자에 저장된다는군요.

자, 질문 한 번 해볼까요? 지난 10년 동안 한국에는 착한 사람이 늘었을까요, 줄었을까요? 저는 늘었다고 생각합니다. 그 착한 사람들을 저는 은평 뉴타운에서 보았습니다. 통계상 한국 사람들 중 절반은 집이 있고, 절반은 집이 없다고 봐도 크게 무리는 아닙니다. 대부분의 지역이 비슷해요. 이건 2000년대 이후 지금까지의 구조입니다.

어쨌든 뉴타운을 만들어서 집값이 오르면, 월세나 전세도 같이 오르죠. 즉 뉴타운을 조성하면 50%의 집 가진 사람 중에서 아주 일부만 상당한 이익을 볼 뿐 나머지 집 없는 사람은 무조건 손해를 보는 겁니다. 그런데 제가 은평 뉴타운 등 여기저기 뉴타운 개발 지역을 돌아다니며 꽤 많은 사람들과 인터뷰를 해봤는데, 자기 집이 없는 분들도 뉴타운에 대해 대부분 찬성을 하는 거예요. 왜 좋으냐고 물었더니, 동네가 발전하는 것 같아서 좋다는 겁니다. 그래서 이곳이 고향이냐고 물었더니 아니라는 거예요.

이런 사람들은 경제적 합리성, 즉 이기주의 가설로는 도저히 설명이 안 되죠. 합리성이니, 경제적 동물이니, 혹은 신자유주의니 하는 개념으로는 도저히 설명이 안 되는 진짜 이타주의를 구현하는 사람들입니다. 자기는 월세를 더 내거나 쫓겨날 텐데도 고향도 아니고 그저 잠깐 스쳐 지날 뿐인 동네가 발전한다면서 박수를 치잖아요. 아무런 대가 없이 남을 위해 희생하는 것, 이게 진짜 착한 거 아녜요? 그런데 그런 사람들이 모여서 결국 모두가 잘사는 사회를 만들었냐면 그렇지 않잖아요. 그래서 저는 개인적으로 모두가 착해지는 것으로는 문제를 풀 수 없다고 생각하는 겁니다.

사실은 우리가 지금 부딪히는 많은 문제들 중에서, 이기주의의 논리대로만 대처했어도 상당히 많은 문제가 풀렸을지도 모릅니다. 제주도 곶자왈에 골프장을 지을 때, 이장 마음대로 도장을 꾹꾹 찍는 거예요. 주민들이 이장한테 아예 도장을 맡기고 살지 뭡니까. 이기주의의 논리대로, 다들 자기 이익을 살뜰히 살피기만 했어도 지금 같은 황당한 토건 경제가 만개하는 상황은 오지 않았을 겁니다.

한국에는 이처럼 선량한 이타주의자들이 많습니다. 상황이 이렇다 보니 유럽에서는 유용한 분석틀이 한국에서는 쓸모가 없는 경우가 많아요. '착한 사람들의 나라' 그게 딱 한국이거든요.

예를 들면 가장 일반적으로 얘기하는 게 계급 투표잖아요. 부자는 부자들을 위한 정당을 찍고, 가난한 사람은 가난한 사람들을 위한 정당을 찍고, 노동자는 노동자 정당을 찍는 게 계급 투표 아닙니까? 예전에 민주노동당에서 당원 분석한 자료를 봤는데, 진짜 노동자는 그다지 많지 않고, 25평에서 35평의 전세 혹은 자가 아파트에 사는 중산층들이 많더군요. 아마 진보신당도 비슷하겠죠. 그러니까 계급 논리가 들어갈 틈이 없어요. 전국농민회총연맹, 즉 전농의 경우도 가만히 보면 전농과 관련된 활동가들 혹은 그와 관련된 사람들이 당원이지, 진짜 일반적인 농민들은 별로 없더군요.

보수언론에서는 산업화 세력이 한나라당 보수주의자들의 실체라고 하는데, 진보정당과 한나라당의 당원을 분석해보면, 가난한 사람들이 한나라당의 실체이고, 중산층이 진보정당의 실체라는 이상한 역설이 나옵니다. 계급 투표가 불가능한 구조랄까요. 유일하게 계급 투표가 이루어지는 곳이 서울의 강남구죠. 말하자면 부자들은 어느 정도 계급 투표를 하는 편인데, 가난한 사람들은 계급 투표와는 거리가 먼 현상이 벌어지는 셈입니다. 그냥 고향 사람한테 투표하는 거라고 설명할 수밖에 없죠. 고향 친구한테 투표하는 것, 이건 착한 사람들이 하는 일이잖아요. 이렇듯 사회과학적으로는 한국의 투표 양상을 제대로 설명할 수 없습니다.

계급 투표 현상이라든가 계급 문화 같은 게 사회적으로 작동하려면 3대

노동자가 있어야 한다는 가설이 있습니다. 이를테면 아버지도 노동자였고, 나도 노동자인데, 내 아들도 노동자인 상황이죠. 이 가설대로라면 할아버지와 아버지는 한나라당에 투표하고, 손자가 비로소 진보신당에 투표하게 된다는 거겠죠.

장하준 교수에게 들은 얘기가 있는데요, 영국의 어느 여성 노동자가 아들이 공부를 잘해서 의사가 되었는데, 불같이 화를 내면서 의절을 선언했다는 거예요. 너는 노동자의 자식인데 어떻게 우리 계급을 배신하고 의사가 될 수 있느냐, 라는 거죠. 우리 식으로 얘기하면, 엄마가 공장 다니는데 아들이 공부를 잘해서 의사가 됐더니 엄마가 집 나가버리라고 막 화를 낸 겁니다. 너는 우리 가문에 먹칠을 했어, 우리는 자랑스러운 노동자 집안이야, 그런 식으로 말예요.

3대 노동자가 되면 자기 자식도 노동자일 것이 분명할 테니 그때가 되면 시키지 않더라도 노동자 정당의 당원도 되고 지지도 하겠지요. 그런데 한국은 지금 2대 노동자도 별로 없어요. 1970~80년대 노동자였던 사람들 중에서 자식도 여전히 노동자인 경우는 많지 않을 겁니다. 지금 울산의 정규직 노동자들은 목숨 걸고 자식들 과외 공부 시킨다는군요. 자기 자식은 결코 노동자로 만들지 않겠다는 거죠. 그래도 누군가는 노동자가 될 거고, 한국에도 언젠가는 3대 노동자가 생겨나겠죠.

이렇듯 이기주의 가설로는 도저히 한국 사회를 설명할 수 없고, 계급투표로도 설명이 안 됩니다.

## 똑똑해지기 혹은
## 집단지식의 힘

지혜와 지식은 구분되어야 합니다. 똑똑하다는 말은, 아마도 지혜를 의미하겠죠. 사람이란 도통 못 믿을 존재라고 생각하는 사람도 많지만, 저는 여전히 사람을 믿는 편입니다. 21세기 들어서 지식은 넘친다고 말하는데, 그래도 우리는 아직 충분한 지혜를 만들어내지는 못했다는 생각이 듭니다. 우리가 더 많이 알게 되면 사회가 지금과는 많이 달라질지도 모르죠.

유럽처럼 한국에서도 TV에서 다큐멘터리나 토론 프로도 많이 방영해서, 뉴타운이라는 게 어떤 건지 충분히 알려줬는데도 앞서의 뉴타운 사례처럼 "집값 올라가면 좋은 거 아녜요?"라고 말한다면 그 사람들은 정말 나쁜 사람들이겠죠. 그러나 우리는 그런 걸 제대로 알려준 적이 없습니다. 세입자들에게, 그들의 삶에 어떤 운명이 닥칠 것이라고 알려준 적이 없습니다. '똑똑해지기' 혹은 '집단지식collective knowledge'이라고 이름 붙일 수 있는 시도가 한국에서는 이제껏 제대로 이루어진 적이 없기 때문에, 오히려 생각보다 효과가 높을 거라고 생각합니다.

우리가 지금 위기에 처해 있는가 아닌가 하는, 어떻게 보면 하나마나 한 것 같은 질문을 한 번씩 해보라고 말씀드리고 싶습니다. 예술과 달리 사회과학은 싫은 소리를 할 일이 아주 많은 학문입니다. 예술은 사회가 어려울 때도 꽃을 피우고, 경제적으로 번영할 때도 꽃을 피우죠. 하지만 사회과학은 1강에서 얘기한 네덜란드의 사례처럼 사회가 지나치게 번성

할 때도 그 존재의미가 없지만 완전히 나락으로 떨어진 뒤에도 존재의미가 없는 학문입니다. 사실 사회과학 같은 학문을 하지 않아도 잘먹고 잘 사는 사회가 가장 좋은 사회겠죠. 그렇지만 지금처럼 문제가 있을 때, 그 문제에 대해 우리 스스로 질문하지 않으면 그땐 정말 나락으로 떨어질 수밖에 없습니다.

두 번째 쪽글

## '착해지기'와 '똑똑해지기' 중 나는 어느 쪽에 더 적합한가?

인간의 본성과 사회의 문제에 대해서 사회과학이 택하는 입장은 두 가지 정도로 분류할 수 있습니다. 첫째는, 착하게 되기. 즉 이기주의적인 입장을 가진 인간들이 어떻게 이타적 행위의 결과를 만들 수 있나? 애덤 스미스의 《국부론》이 이런 입장이었고, 뒤르켐이 《사회분업론》에서 얘기한 '유기적 사회 분업' 역시 마찬가지입니다. 내쉬 균형의 문제점을 넘어서기 위한 협력 게임, 명성 게임 등 최근의 게임이론의 시도들 역시 이러한 입장 위에 서 있다고 할 수 있죠.

둘째는, 똑똑해지기. 즉 독서, 사회과학 방법론 등 최근 한국의 문제점을 풀기 위해서 제시되는 해법으로, 토착 지식에서부터 인지심리학적 접근까지 포함하는 몇 가지 제도적 접근들은 지식의 증가에서 문제점의 해법을 찾기 위한 프로그램입니다.

자, 문제 나갑니다. 자신은 '착하게 되기'에 가까운 사람이라고 생각하는가, 아니면 '똑똑해지기'에 가까운 사람이라고 생각하는가? 어느 쪽 유형이 자신에게 더 적합하다고 생각하는가? 요령! "나는 바보다" 혹은 "나는 원래 나쁜 사람이다" 아니면 두 가지를 결합해서 만드는 다양한 파생 명제 등으로 답하지 말기 바랍니다.

# SOCIAL SCIENCE FOR YOU & ME

# 3

## 학문이란 무엇인가?
### 백과사전형 지식의 귀환

우리는 고등학교 때 문과, 이과로 나뉘죠. 그리고 대학까지 영향을 미쳐서 인문계와 자연계로 나뉘게 되죠. 과연 문과형, 이과형 인간이 따로 있을까요? 자, 현실적인 얘기를 해볼까요. 인생을 살아가는 데 전문가형 지식이 유리할까요, 아니면 백과사전형 지식이 유리할까요?

3 • 학문이란 무엇인가? : 백과사전형 지식의 귀환

## 데카르트와 칸트 그리고
## 헤겔의 성찰

제가 맨 처음 읽은 프랑스어 책이 헤겔의 《정신현상학》입니다. 철학 용어가 어려웠지만 다행히 생각보다 많이 나오지는 않더군요. 이성, 의식, 존재, 이런 단어들이 계속 반복되니까요. 3강에서는 헤겔을 중심으로 이야기를 풀어갈 생각입니다.

소크라테스에서 데카르트까지 이어지는 철학사 얘기를 1강에서 잠깐 했었죠. 데카르트의 코기토 명제를 통해서 '생각하는 자기,' 즉 이성을 갖춘 근대적 존재가 공식적으로 출발하게 되었습니다. 그 전에는 전부 신神이 뭘 어떻게 했다는 얘기뿐이었어요. 전부 신이 하는 일이니까 인간이라는 존재는 필요 없었고, "너희는 죄를 지은 존재다" 그것만 알면 됐죠. 어차피 인간은 신의 피조물이니까 인간의 본질을 알려고 하기보다는 삼위일체 같은 개념들을 정립하는 게 더 중요한 문제였습니다. 반면, 사람의 말은 주로 '참회록'의 형태를 띠었습니다. 주여, 제가 살아보니 다 잘못했습니다, 이렇게 말해놓고 그다음에 진짜 자기 얘기를 하는 겁니다. 안 그러면 불경죄에 걸리니까요. "주여, 제가 죄인입니다"라는 얘기를 잔뜩 쓰고, "그런데 생각해보니 인간이라 함은……" 4세기 말에 쓰여진 성 아우구스티누스의 《고백록》이 이런 식으로 시작되는데, 근대적 인간에 대한 최초의 성찰이었다죠.

이런 중세의 암흑기를 지나 17세기에 데카르트가 등장하면서 도대체 인간이란 무엇인가라는 질문이 다시 시작된 셈이죠. 인간이라는 존재가 다시 사유의 주체이자 대상으로 돌아온 것이다, 이건 교과서에 나오는 얘기고, 책에 없는 얘기 좀 해볼까요? 움베르토 에코의 《장미의 이름》은 다 읽어보셨죠? 수도원에 아리스토텔레스의 원전이 갑자기 나타나는데, 이 책을 본 수도사들이 모두 죽게 되죠. 왜냐하면 그 시대에는 신학을 플라톤이나 아리스토텔레스 위에 세워놓았는데, 그들의 책에서 다른 얘기가 튀어나오면 곤란해지거든요.

고대 그리스의 원전이 유럽에서는 소실된 반면, 아랍에서는 보존되었습니다. 그런데 아랍 사람들이 이 원전은 보여주지 않고 아랍어 번역본만 보여줬어요. 요즘 우리가 영어를 익히지 않으면 공부하기 어려운 것처럼 유럽에서도 한동안 공부를 좀 하려면 아랍어를 익혀야 했던 시기가 있었던 거죠. 아랍으로 고대 그리스의 원전을 구하러 떠났던 사람들의 얘기가 《장미의 이름》이라는 소설의 시대 배경이 된 겁니다.

데카르트의 시대가 드디어 아랍어를 하지 않고 라틴어만으로 철학을 할 수 있게 된 시기입니다. 그리고 스피노자의 시대가 되면, 이제 라틴어로 책을 쓰지 않고 자기 말로 철학을 할 수 있게 됩니다. 자기 말로 학문을 할 수 있게 되는 것, 이게 철학이든 사회과학이든 학문의 융성에 굉장히 중요한 조건입니다. 영어로 강의하고 영어로 논문 쓰면 학문이 발달한다고 주장하는 사람들이 있는데, 이건 잘못된 태도 같습니다. 더군다나 사회과학은 학자 혼자 열심히 연구한다고 문제가 해결되는 학문이 아니라, 문제가 생겨난 사회 속에서 해법을 고민해야 하는, 말하자면 사회적 맥락이 중요한 학문이기 때문에 더 그렇습니다. 영어로 논문을 쓰면 사회과학이 발달할까요? 다른 학문은 몰라도 사회과학은 절대로 그럴 리 없습니다.

어쨌든 데카르트가 등장하면서 이성이 경험적인 것인가, 아니면 선험적인 것인가에 따라 영국의 경험론과 대륙의 이성론으로 나뉩니다. 이 한가운데에서 아주 독특한 학자들이 독일에 등장합니다. 칸트, 피히테, 셸링, 그리고 헤겔까지를 한 묶음으로 보는데, 이들을 독일 성찰학파라고 부르지요. 칸트는 바깥에서 들어오는 외부 자료를 정리하는 역할을 하는 것을 범주, 즉 카테고리category라고 설정하고, 이 범주가 바로 이성 안에 있다고 말합니다.

스페큘레이션speculation이라는 단어는 경제학에서는 투기라는 의미로 사용되지만, 철학에서는 자기를 돌아보는 것, 즉 성찰이라고 번역됩니다. 이 단어의 핵심은 자기 내부를 가만히 들여다보면 많은 것을 알 수 있다는 것을 전제하고 있는데, 나는 누구인가, 왜 여기에 있는가, 이걸 곰곰이 들여다보고 생각해보면 굉장히 많은 것을 알 수 있다는 얘기입니다. 이런 일련의 흐름을 마지막으로 정리한 사람이 바로 헤겔입니다.

## 헤겔의 백과사전형 지식, '사이언스'와 '엔치클로페디'

헤겔이라는 아주 특출한 사람이, 철학사에서 매우 중요한 자리를 차지하는 이유가 있습니다. 지난 시간에 철학에는 인식론과 존재론이라는 두 가지 흐름이 있다는 얘기를 했죠? 헤겔 이전까지는 이 두 가지가 분리돼 있었는데, 헤겔에게 와서 하나의 논리로 정리가 됩니다. 고대 그리스 시대 이후로 계속된 두 가지 흐름을 '세상을 인식하는 존재'라는 것을 통해서 하나로 통일시킨 셈이죠. 그래서 헤겔을 고전 철학의 완성자라고 부릅니다. 관찰하는 사람과 관찰당하는 대상이 헤겔에게는 일종의 통일적 존재였습니다. 물론 헤겔은 자신이 과학의 근본적인 문제에 답을 했다고 생각했는데, 20세기의 과학철학자들은 그렇게 생각하지 않았죠. 오스트리아의 물리학자인 에른스트 마하가 "헤겔은 죽었다"고 말한 것처럼 말예요.

헤겔은 청년 헤겔과 노년 헤겔로 구분됩니다. 청년 헤겔을 대표하는 책이 바로 《정신현상학》입니다. 난해하기로 소문난 책인데, 특히 독일어의 특이한 표현들이 많아서 영어로 번역해도 이해하기 어렵고, 프랑스어로 번역해도 마찬가지입니다. 일본어, 우리말, 어떤 말로 읽어도 어렵기로 유명한 책입니다. 그런데 이 책이, 프랑스에서 고등학생들이 대학 가기 위해 읽는 필독서 중의 하나예요. 기가 막히죠. 이 책에서 가장 중요한 게 서문인데, 학문에 대한 헤겔의 생각이 잘 정리되어 있습니다.

헤겔은 학문 중에 최고는 철학이라고 말합니다. 그때 철학은 phil-logos죠. 소크라테스부터 내려온 로고스logos를 사랑phil하는 것입니다. 소크라테스와 함께 절대 진리, 즉 로고스가 탄생했는데, 철학이 바로 이 로고스에 대한 사랑, phil logos에서 온 것입니다. 말하자면 진리를 사랑하는 것이 곧 '학문'인데, 그게 헤겔에게는 Science예요. 헤겔 시대에는 '학문'이라는 단어가 대문자로 시작하는 Science였습니다. 지금은 과학이라고 번역하는 그 Science가 헤겔에게는 철학이었죠. 《정신현상학》이 1807년에 발간되었으니까, 19세기 초까지 과학과 철학은 아직 분화되지 않았던 셈이고, 따라서 학문이란 무엇인가라고 물을 때 학문은 바로 Science인 셈입니다. 번역자에 따라서 '철학'으로 번역하기도 합니다. 대문자를 쓰는 건, 일종의 '학문 중의 학문'이라는 의미가 있겠죠.

사실 이 시기의 학자는 문자 그대로 '배운 사람'이었고 만물박사였습니다. 대부분이 수학자이면서 동시에 과학자였고 또 철학자이기도 했으니까요. 이때의 Science라는 것은 '모든 지식을 다 포함한 지식' 혹은 철학과 같은 의미를 가지고 있습니다. 헤겔보다 앞섰던 데카르트도 수학자이자 철학자였습니다. 그 뒤에 나온 괴테도 《젊은 베르테르의 슬픔》이나 《파우스트》의 작가와 나중에 슈베르트가 곡을 붙인 〈마왕〉의 시인 정도로만 알려졌지만, 생물학자로도 유명했고 화가이기도 했으니, 못한 게 없다고 봐야 하지요.

《정신현상학》에서 시작한 헤겔이 자연철학 단계를 거쳐 도달한 곳이

《엔치클로페디》◆라고 하는 철학의 백과사전 체계입니다. 어떻게 보면 굉장히 낭만적인 시대였고, 학자라고 하면 적어도 자신만의 백과사전 하나는 쓸 수 있어야 한다고 여겼던 시대였습니다. 요즘 같이 기계적이고 기능적인 학자라는 것은 상상하기 어려웠던 시대였죠. 프랑스어로 학자는 savant이라고 합니다. 학문을 하는 사람이 아니라 savoir, 즉 아는 사람이죠. 우리말로 표현하자면 '깨달은 사람' 정도가 될까요? 우리는 이 말을 '지식인'이라고 번역하는데, 어쨌든 대학 졸업하고 박사학위 받는다고 해서 학자가 되는 건 아닌 시대였습니다.

경제학의 아버지라고 불리는 애덤 스미스는 원래 천문학자였고 철학자였습니다. 《국부론》보다 먼저 유명해진 게 《도덕감성론》이라는 일종의 도덕철학에 관한 책이었죠. 경제학자를 요즘은 economist라고 쓰는데, 애덤 스미스 당시에 이 말은 '수전노', 문자 그대로 돈을 지나치게 절약하는 사람을 뜻하는 말로 욕이었다는군요. 애덤 스미스가 자신이 economist로 불리는 것을 알면 별로 기분 좋아하지는 않겠죠. 《자본론》의 카를 마르크스도 원래는 철학박사 학위를 받은 철학자였습니다. 지금은 철학자보다는 '마르크스주의 경제학'의 창시자로 더 많이 알려졌지만 말예요. 이렇듯 19세기 후반까지만 해도 학문은 복합적이었고, 지금 우리가 '과'라고 얘기하는 분과discipline로 구분되지 않았습니다. 자, 이

---

◆ 1817년에 헤겔이 하이델베르크 대학에서의 강의록을 모아 엮은 책. 논리학, 자연 철학, 정신 철학 등의 한계를 검토하고, 철학사 전체가 하나의 철학이며 시대적으로 최후의 철학이 최고의 철학이라는 것을 주장하였다. 헤겔의 철학 체계를 이해하는 데에 매우 중요한 저서이다.

런 걸 염두에 두고 생각을 좀 해볼까요?

우리는 고등학교 때 문과, 이과로 나누죠. 적성검사 같은 걸 하고 문과형, 이과형으로 나누는 걸 당연하다고 생각합니다. 그리고 그게 대학까지 영향을 미쳐서 인문계와 자연계로 나누게 되죠. 그러나 과연 문과형, 이과형 인간이 따로 있을까요? 일단 나누고 나면, 문과형은 문과형 인간으로 살고, 이과형은 이과형 인간으로 살게 되는데, 이게 과연 자연스러운 일일까요? 헤겔이 Science라고 불렀던 '학'이 요즘과 같이 개별적 학문, 즉 소문자로 시작하고 복수형 접미사 s를 붙이는 sciences로 분화한 것은 불과 1세기 정도밖에 안 됩니다. 개별 분과를 discipline이라고 부르죠. 우리는 이것을 학문이라고 하지만, 사실 이런 개별 학문이야말로 20세기의 현상이라고 할 수 있죠.

미셸 푸코는 《말과 사물》이라는 책에서 16세기부터 오늘날에 이르기까지 생물학, 경제학, 그리고 언어학이라는 세 가지 학문이 어떤 방식으로 전개되었는지를 살폈습니다. 그에 따르면 세 학문 모두 백과사전처럼 카테고리에 따라 각 항목을 분류하는 방식으로 시작되었다가, 18세기에 와서 '시간'이라는 개념이 도입되었고, 19세기 후반 혹은 20세기 초에 '인간'이 분석의 대상에 포함되었다고 합니다. 인문과학Human science이라는 단어 자체가 그리 오랜 역사를 갖지 않는다는 거죠. 사실 우리가 개별 학문으로 알고 있는 것들의 역사가 그렇게 오래되지 않았습니다.

인류학이 굉장히 오래된 학문인 것 같지만, 19세기 내내 인류학은 ethnology, 즉 민속학 같은 이름으로 불렸습니다. 물론 그런 연구 자체가 없었던 것은 아니지만, 지금 우리가 대학에서 배우는 형태로 인류학이 정리된 것은 20세기에 들어와서입니다. 대부분의 학문이 지금의 모습을 갖춘 건 20세기 이후의 일이죠. 이 중 제일 막내가 경영학이에요. 경영학은 1960년대가 되어서야 어느 정도 골격이 갖춰지거든요. 제2차 세계대전을 치르면서 병참이나 물자 공급 같은 문제들을 수리적으로 해결하는 과정에서 생겨난 게 경영학입니다. 수리경영학을 영어로는 OR, Operation Research라고 부르는데, 번역하면 작전 연구 혹은 작전 계획이라는 뜻입니다.

## 분과 학문 체계가 만들어낸
## 전문가형 지식

이렇듯 학문의 분과라는 게 우리의 생각과는 달리 불과 1세기 전에 만들어진 것이고, 더군다나 우리나라의 경우는 50~60년 정도밖에 안 된 일입니다. 그런데 학문의 분화가 급속화하면서 문제점들이 생겨나기 시작했습니다. 분과 학문 사이에 높은 장벽이 쳐져 그야말로 소왕국처럼 돼버렸죠. 게다가 분과 안에서도 세부 전공으로 갈라지게 됩니다. 경제학에만도 아마 100개도 넘는 세부 전공이 있을 거예요. 몇 년 전에 공대에서 전기경제학 전공 교수가 있는 걸 보고 이런 것까지 있나 싶었는데, 요즘은 가스, 원자력 등으로도 분화하는 중이라는군요.

그러다 보니 생겨난 문제점 중의 하나가 이제는 더 이상 '거대 이론 Grand Theory'이 나올 수 없게 되었다는 겁니다. 마르크스주의, 케인스주의 혹은 구조주의 같은 거대 이론들은 옳든 그르든 모든 상황을 다 설명할 수 있었고, 그런 이론을 만든 사람들을 거장Grand Master이라고 부를 수 있었는데, 이제는 더 이상 거대 이론도 거장도 등장할 수 없게 된 거예요. 물론 세상이 복잡해져서 현실적으로 불가능하다고 볼 수도 있겠지만, 학문이 지나치게 세밀화되면서 생겨난 부작용이기도 하죠. 아마 언어학자인 노엄 촘스키가 그런 거장 시대의 흔적을 가지고 있는 마지막 학자일지도 모르겠군요. 언어학 하는 사람이 뭘 안다고 부시를 비판하고 이라크전을 비판하느냐고 말하지는 않잖아요. 워낙 대학자니까 말예요.

이런 거장의 시대 그리고 거대 이론의 시대가 20세기와 함께 종료했습니다. 그로 인해 여러 가지 문제점들이 생겨나는데, 가장 기본적으로는 우리가 분석하는 대상 자체가 이렇게 분화되어 있지 않다는 겁니다. 경제가 사회로부터 분리될 수 있나요? 혹은 인간의 행위와 사회 시스템이 정확히 분리되나요? 법학과 경제학은 아무 상관도 없는 학문인 것 같지만, 생각처럼 그렇게 쉽게 분리되는 분야도 아니죠. 마이클 샌델의 《정의란 무엇인가》를 읽으면서 저는 오랜만에 경제철학책을 보는 느낌이 들었습니다. 법철학 개론서인데도 경제학에 쓰이는 비용편익분석이 자주 나오더라구요. 마침 그때가 '경제와 윤리'라는 제목으로 새 책을 구상하던 때였는데, 법학에서 출발하는 정의 얘기와 제가 공부하는 경제적 윤리가 어떻게 다른 것일까, 그런 고민을 했습니다.

우리가 마음대로 분과에 세부 전공까지 나누어놓았지만, 실제로 분석해야 할 대상이 그렇게 개별적으로 존재하는 것은 아닙니다. 그러다 보니 다시 종합해야 한다는 주장이 나오게 되고, 학제적 접근에 대한 요구

〈그림 1〉 지식의 유형

대가형 지식

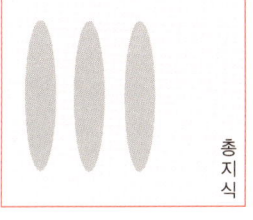
전문가형 지식

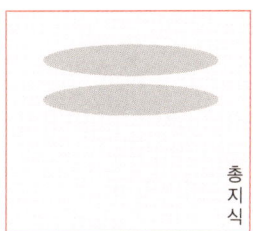
백과사전형 지식(기획자)

가 점점 높아지게 됩니다. 그러나 말과는 달리, 학제적 접근이란 게 현실적으로는 매우 어렵습니다.

이렇게 학자가 '전문가급'으로 분화하다 보니, 이제 사람들이 존경할 만한 거장이 더 이상 등장하지 않게 되었습니다. 1990년대 초중반까지 우리는 공부하는 사람을 지식인 혹은 학자라고 불렀습니다. 지식인을 라틴어로 하면 호모 리테라리쿠스Homo Literaricus, '식자識者' 정도의 의미이겠죠. 한 마디로 '배운 사람'이고, 글 좀 읽은 사람입니다. 대학생까지 이 지식인의 범위에 들어갑니다. 그러나 요즘은 대학 진학률이 80%를 넘는 상황이라서 대학에 다닌다는 이유만으로 자신을 지식인이라고 생각하는 경우는 거의 없습니다.

학자는 폭넓게 많이 아는 사람을 뜻하죠. 그러나 1998년 외환위기를 지나면서 우리는 더 이상 학자라는 말을 쓰지 않고 전문가라는 말로 대체합니다. 전문가는 좁지만 매우 깊이 아는 사람을 의미합니다. 이제는 정보량이 너무 많아져서 모든 분야를 깊이 아는 사람은 더 이상 나올 수 없게 된 모양입니다. 그런데 깊지는 않더라도 넓게, 그렇지만 정확하게 아는 사람을 만드는 건 불가능할까요?

어쩌면 21세기에는 거장의 출현을 볼 수 없을지도 모릅니다. 그렇다면 전문가라도 많이 만들어내면 되지 않겠는가, 그런 질문을 해볼 수 있겠죠. 그런데 지금까지 한국 교육이 만들어낸 사람들이 바로 이 전문가들이잖아요. 뭐든지 하나만 잘하면 대학 갈 수 있게 해준다고 했으니, 정부가 전문가형 인재 양성을 목표로 했던 셈이죠. 이런 전문가들을 모아서 뭔가 같이하려고 해보니 결국에는 얕아도 좋으니 넓게 아는 사람들이 필요하게 된 겁니다. 그렇지 않으면 이 지식들이 연결될 수가 없으니까요. 저는 이것을 '백과사전형 지식'이라고 부르고 싶습니다.

적어도 학부 과정에서는 백과사전형 지식을 갖출 수 있게 해주고, 거기에 각자 경험과 시간을 덧붙여 깊이를 갖게 해주는 것이 필요하다는 생각입니다. 학부 학생들에게 사회과학의 기초에 대한 교육이 꼭 필요하다고 생각하는 진짜 이유이기도 합니다. 유럽이나 미국의 경우는 실제로 이렇게 하고 있습니다. 서구에서는 경영학이나 법학처럼 소위 돈 잘 버는 학과를 학부 과정에서 찾아보기 어렵죠. 그 대신 인류학이나 문학 혹은 사회학을 학부 때 배우게 합니다. MBA가 이런 학부 과정을 거친 사람들에게 경영자 수업을 시키는 것입니다. 우리는 학부에서 경영학이나 법학, 의학을 배우게 하니 알찬 백과사전이 될 기회를 가질 수가 없죠.

## 전문가 시대에서
## 기획자 시대로

자, 현실적인 얘기를 해볼까요. 인생을 살아가는 데 전문가형 지식이 유리할까요, 아니면 백과사전형 지식이 유리할까요? 주류 언론에서는 '전문가'를 외쳐댔지만, 사실은 이미 백과사전형 지식의 시대가 도래했습니다. 실제로 한국을 움직이는 것도 이런 유형의 지식인들이죠. 얕지만 넓게 알면서도 비교적 정확하게 알고 있는 사람들, 한국에서는 이런 사람들을 '기획자'라고 부릅니다. planner를 일본어로 번역한 것인데, 그 나름대로 독특한 뉘앙스를 갖는 말이죠.

기획자란, 자기가 다 알 필요는 없지만 누가 뭘 해야 하는지, 또 어떻게 해야 하는지 깊지는 않아도 정확하게 아는 사람들, 그렇게 정의할 수 있겠습니다. 영화감독을 예로 들어볼 수 있겠네요. 옛날에는 영화감독이라면 직접 시나리오를 쓰고 콘티를 짜고 '메가폰을 잡고' 촬영에 임해서 후반 작업인 편집과 마케팅까지 전 과정을 일일이 다 알아서 해내야 했습니다. 하지만 요즘은 시나리오 작가가 따로 있고 연출팀, 촬영팀이 전문화한데다 고유 권한이랄 수 있는 편집까지 감독의 손을 떠나고 있잖아요. 상업영화에서 감독은 이제 예술성을 가진 기획자입니다. 〈반지의 제왕〉의 제작팀을 이끌었던 피터 잭슨 감독은 사실상 조직 관리자에 더 가까운 기획자입니다.

한 사람이 가질 수 있는 지식의 유형은, 그 분량을 떠나서 굉장히 다양할 수 있습니다. 2년 전쯤에 지인들과 모인 자리에서, 같은 나이의 구멍가게 아주머니와 교수 중 누가 더 머리가 좋을까를 놓고 제법 심각하게 논쟁을 벌인 적이 있어요. 결국 거의 만장일치로 구멍가게 아주머니가 더 머리가 좋다는 결론을 내렸죠. 왜냐하면 IQ는 나이가 들면서 변하잖아요. 그런데 교수로 살면 일정한 나이부터는 돈 버는 걱정을 전혀 안 하게 됩니다. 장부 정리나 재고 관리는커녕 조교 없으면 학생 관리도 힘들죠. 헤겔이 '주인과 노예의 변증법'에서 얘기한, 딱 그 주인의 비극이 펼쳐지는 겁니다. 힘은 세졌는데, 정작 자기 손으로 할 줄 아는 건 거의 없어진 상황이랄까요. 그러니까 깊게, 전문적으로는 많이 아는데 종합적으로 보면 아는 게 별로 없는 셈이죠.

반면 구멍가게 아주머니는 손님 대하는 방법부터, 상품 진열하는 법, 재고 관리는 물론 이미지 관리까지 할 일이 한두 가지가 아닙니다. 게다가 요즘은 대기업과도 싸워야 겨우 가게 한 칸이라도 유지할 수 있죠. 이렇게 할 일이 많은데 망하지 않고 20년을 운영했다면 말 그대로 산전, 수전, 공중전 다 겪은 것 아니겠어요? 그래서 같은 나이의 대학교수와 구멍가게 아주머니를 비교해보면, 종합적인 지능지수인 IQ는 구멍가게 주인이 더 높지 않을까요?

물론 바람직한 사회는, 전문가들이 제 기능을 발휘할 수 있는 사회라는 데는 의문의 여지가 없습니다. 그런데 전문가의 가장 큰 약점이, 자신의 분야를 벗어나면 맥을 못 춘다는 겁니다. 이를테면 한국 최고의 프로그램 진행자라도, 자기 분야에선 엄연히 전문가지만 방송국을 나오게 되면 할 수 있는 게 별로 없잖아요. 전문가가 움직일 수 있는 공간이 상당히 협소하죠. 좁고 깊게 아는 사람들이 잘 움직일 수 있게 하려면 더 많은 기획통들이 시스템을 만들어줘야 합니다. 옛날에는 우리 사회도 박학다식이 좋은 가치였는데, 지난 10년 동안 우리가 이런 가치를 너무 무시했습니다. 한국의 교육은 백과사전형 지식을 갖춘 사람이 배출되기 어려운 구조를 가지고 있습니다.

사회과학을 통해 지금이라도 백과사전형 지식을 갖춘 사람들을 많이 양성해야 합니다. 개인적으로는 '인문학'이라는 표현보다 '문사철文史哲'이라는 표현을 훨씬 선호합니다. 전통적으로는 역사학에서 이런 역할을 많이 해왔다고 봅니다. 고루하지만 본질적인 훈련 과정을 통해 과거 백과사전형 지식을 지닌 사람들을 많이 양성해왔죠. 문학이나 철학도, 따분할지는 몰라도 모르는 게 있어서는 안 될 정도로 세상일에 관심 많은 사람들을 많이 배출했고 말예요. 그런데 바로 이 문사철이 지금은 죽었잖아요.

전문가 시대를 오래 겪다 보니 한국의 사회과학도 지나친 전문가주의에 빠져서, 전문가가 아니면 말도 하지 마라 하는 분위기가 형성된 것이 아닌가 싶습니다. 마치 중세 때 민중들에게 사제를 통하지 않으면 신에게 접근할 수 없다고 말하는 것과 다를 바 없지 않나 하는 생각이 듭니다. 사회과학이라는 것이, 이 사회가 작동하는 방식에 대한 사회 구성원들의 논의와 토론을 촉진하는 역할을 하는 건데, '내공 대결'이니 '선수 과목'이니 하면서 스스로 휘장을 치고 그 안에 갇혀버린 건지도 모릅니다. 시장으로 본다면 매우 강력한 진입장벽이 존재하는 셈인데, 이런 시장은 급속도로 쇠퇴합니다. 신규 진입이 지나치게 어려워지면, 급격한 노후화 현상이 벌어지죠.

실제로 21세기 들어 이제 정보 독점이라는 것은 생각할 수도 없고, 예전에는 전문가의 영역에 있던 것들도 상당히 보편화되었잖아요. 학자나 기자 혹은 변호사 같은 전문가들의 권위도 더 이상 힘을 발휘하지 못하는 시대가 되었습니다. 대부분의 사람들이 책과 인터넷을 통해서 필요한 정보나 지식을 얻을 수 있을 뿐만 아니라 널리 퍼뜨리기도 합니다.

지금이 바로 사회과학이 필요한 시점입니다. 우리 모두가 사회과학자가 될 수는 없지만, 사회과학이라는 범주 안에 있는 개념들을 어느 정도 익히고 이해한다면, 스스로 공동체의 문제를 분석할 수 있습니다. 문제를 파악하면 해법도 찾을 수 있다는 생각, 그게 제가 잃지 않으려고 하는 낙관입니다. 누가 좋다, 누가 나쁘다, 누가 잘했다, 누가 잘못했다, 그런 단편적인 진단만으로 문제의 해법을 얻을 수 없습니다. 누군가 나서서 결론을 만들어주고 나머지는 그것을 따라가는 식으로도 더 이상 해법을 풀 수 없습니다.

우리가 같이 머리를 맞대고 모여서 사회 문제의 해법을 찾아갈 수 있다면 '사회과학'은 이미 우리 곁에 와 있는 셈입니다. 생태학에서 말하는 '공진화co-evolution'라는 개념이 지금 우리에게 해당될 것 같습니다. 혼자 떠들면 허풍이지만, 같이 외치면 진실이 됩니다. 혼자 가면 모험이 되지만 같이 걸어가면 길이 됩니다. 저는 사회과학을 통해 새로운 주체들이 이 사회를 끌고 가는 그런 시대를 꼭 보고 싶습니다.

세 번째 쪽글

## 어떤 선택을 할 것인가?

4강에서는 연구자의 지위 혹은 연구자의 삶 등 개별적 삶과는 구분되는 집단적 선택에 관한 얘기를 다룰 것입니다. 앞으로 진행될 '인식론적 선택' 혹은 '방법론적 선택'에서 연구자가 내려야 할 선택에 대한 것입니다. 한 번 선택한 것은 되돌릴 수 없기에 이 선택을 나중에 바꾸면 그간의 연구가 의미 없어지거나 전혀 다른 방향으로 틀어지게 됩니다. 이러한 선택은 반드시 논리적으로만 이뤄지는 것도 아니고, 자신이 속한 준거집단의 속성에 따라 기계적으로 환원되지도 않습니다.

그리고 이런 선택에 대한 공부는 꼭 어려운 텍스트를 통해서만 할 수 있는 건 아니죠. 소설과 영화, 드라마까지도 중요한 텍스트가 될 수 있습니다. 하여, 혹시라도 사회과학이라면 골치 아픈 책들을 죽어라 읽어야 하는 것이라고 생각하는 사람들을 위해서 다음 두 개의 주제 중 하나를 골라서 쪽글을 쓸 수 있도록 준비했습니다.

1) 카뮈의 《이방인》이나 《페스트》 중 한 권을 읽고 독서 감상문을 쓰시오. 강의 중에서 카뮈를 언급할 텐데, 부정적인 평가는 접어두고, 카뮈의 어떠한 점이 이 소설들을 중요한 문학작품으로 만들게 되었는지에 대해 쓰기 바랍니다.

2) 영화 〈누구를 위하여 종은 울리나〉 혹은 〈프린세스 다이어리 1〉 중 한 편을 보고, 역시 감상문을 쓰시오. 서평이나 영화평을 쓰라는 게 아니라 감상문을 쓰라는 것이니, 평론의 형태가 되지 않도록 주의하세요.

# SOCIAL SCIENCE FOR YOU & ME

# 4

## 실존과 선택
학자의 탄생, 그리고 지지 않는 학문

어느 누구도 저절로 학자가 될 수는 없습니다. 자기 생각이나 논리를 담은 책을 쓰겠다고 결심하는 순간, 선택을 해야 합니다. 개인에게는 작은 선택이지만, 이것이야말로 우주적 선택이 될 수 있습니다. 제가 하고 싶은 질문은 이런 겁니다. 우리는 과연 어떤 학자를 좋은 모델로 삼아야 할 것인가? 그리고 어떻게 현실에서 지지 않는 학문을 해나갈 것인가?

## 4 • 실존과 선택: 학자의 탄생, 그리고 지지 않는 학문

## 무無 앞에 선 실존 : 원인 없는 결과는 가능한가?

4강에서는 장 폴 사르트르 얘기를 하겠습니다. 앞에서 헤겔의《정신현상학》을 거론했는데, 그와 다른 이론을 펼쳤던 사람들이 현상학 phenomenology 쪽이었습니다. 일반적으로 현상학이라고 하면 에드문트 후설의 현상학을 말합니다. 후설의 영향 아래 독일에서는 하이데거가 등장하고, 프랑스에서는 사르트르로 대표되는 실존주의가 등장하게 되죠. 그러다가 하이데거와 나치 사이의 관계가 문제되면서 전후 이론적 무게중심이 사르트르로 넘어가게 됩니다.

프랑스에서는 68 혁명을 거치면서 유일하게 비난을 피한 사람이 사르트르였습니다.《존재와 무》라는 사르트르의 아주 어려운 철학책이 한때 프랑스 고등학생들 사이에서 필독서로 인기를 끌었죠. 도대체 그 어려운 책을 고등학생들이 어떻게 이해했을까 싶기도 하지만, 헤겔의 《정신현상학》도 대학 진학을 위한 필수 수험서인 걸 생각해보면 아주 이상한 일은 아닙니다.

사르트르가 《존재와 무》에서 들려준 얘기의 핵심은 책 제목에서도 언급되었듯이, '무無'라는 개념에 있습니다. 우리가 일반적으로 얘기하는 '아무것도 없는 상태'인 무와는 조금 다른 의미가 있습니다. 사르트르의 핵심 개념은 프랑스어로는 'néant néantisant'이라고 쓰는데, '무로 돌리는 무' 혹은 '무로 만들어버리는 무' 정도의 의미가 되겠죠. 이 개념은 모든 논리적인 접근이 그렇듯 인과론causality에서 시작됩니다.

"모든 것에는 이유가 있다"는 모티브로 아주 흥미진진한 이야기를 전개한 《듄Dune》◆이라는 소설이 있습니다. 작가인 프랭크 허버트는 SF를 예술로 승화시킨 사람입니다. 기존의 SF는 그저 오락물 정도로 여겨졌는데, 프랭크 허버트와 아이작 아시모프★가 등장하면서 예술로 인정받기 시작했습니다. 허버트는 부유한 집안에서 자랐고 아버지도 석학이었다는군요. 필요한 책이 집에 다 있었답니다. 어지간한 도서관보다 나은 상황에서 갖가지 책을 읽으며 자란 고전적 지식인이었죠.

매우 박식한 사람이었던 허버트는, 이 소설에서 신이라는 개념을 뭐든

---

◆ 프랭크 허버트(Frank Herbert, 1920~1986)의 SF 소설로 현재 총 18권의 시리즈(김승욱 옮김, 황금가지, 2001~2003)로 번역되어 있다. 1984년에 데이비드 린치 감독이 영화화하기도 했다.

★ Isaac Asimov(1920~1992): 러시아 태생의 미국 작가로 SF 장르의 선구자. 수많은 작품을 썼으며, 그중에는 〈A.I.〉나 〈I, Robot〉처럼 영화화된 작품도 많다. 《파운데이션Foundation》 3부작을 썼다.

지 알고 있고 어디에나 있는 존재로 정의 내립니다. 이 조건은 유전적 기억을 통해서 설정됩니다. 원래 사람이 죽고 나면 기억이 다 없어지잖아요. 그런데 뛰어난 혈통을 물려받은 사람이 '멜랑제'라는 특수 물질의 도움을 받아 선조들의 기억을 유지하게 되는 겁니다. 그러니까 옛날 일까지 모두 기억해서 언제나 있었던 존재가 되는 셈이죠.

소설에서 폴이라는 주인공이 신 바로 전 단계까지 가는데, 이때 비전 vision이라는 게 생깁니다. 폴은 눈앞에서 폭탄이 터지는 바람에 시력을 잃게 되지만, 이 비전의 도움으로 모든 것을 볼 수 있고, 심지어는 칼싸움도 합니다. 이미 충분한 데이터를 가지고 있으니, 눈을 통하지 않고도 그 결과를 알 수 있다는 설정입니다. 영화 〈매트릭스 3〉편에서도 네오가 눈을 다치는데도 앞을 보잖아요. 그 원형이 바로 《듄》에서 나옵니다.

그런데 소설의 2부 마지막 장면에서 어느 날 폴이 모든 걸 뒤로하고 홀로 사막으로 떠납니다. 이때 폴은 질문을 던집니다. "이 우주에는 답을 가지고 있지 않은 질문이 있을 수 있는가?" 즉 원인이 없는 결과가 가능한가를 스스로 물은 것인데, 폴은 그럴 수 있다고 대답합니다. '답 없는 질문'이 존재할 수 있다고 말하는 순간, 인과관계로 구성된 우주가 깨지죠. 이 질문과 함께 폴은 비전을 잃어버립니다. 3부에서 이렇게 눈먼 노인이 된 폴은 자신의 여동생이 던진 칼에 맞아 죽습니다. 이 길고 긴 얘기의 원형이, 바로 사르트르가 얘기한 '무로 돌리는 무'라고 할 수 있습니다.

## "실존은 본질에 우선한다":
## 무의 원천이면서 모든 걸 무로 되돌리는 실존

우리 앞에 결과가 하나 있다고 합시다. 프로그램 용어로 '이벤트'라고 해도 되죠. 결과든 이벤트든, 무슨 일이 벌어졌으면 그 원인이 있습니다. 그리고 그 원인을 만든 또 다른 원인이 있을 테고 말예요. 아주 오래된 질문인데, 이렇게 계속 인과관계를 따라가다 보면 첫 번째 원인, 즉 최초의 원인에 가닿겠죠. 논리적으로 따지자면 말입니다. 그리고 그 최초의 원인은 다른 것으로부터 아무런 영향을 받지 않은, 스스로가 원인이자 결과인 그 무엇일 겁니다.

이게 뭐냐? 아, 복잡하다, 그냥 '신'이 있다고 하자, 이러면 형이상학이 되는 거죠. "태초에 말씀이 있었나니"라고 시작하는 성경 구절이 바로 이 첫 번째 원인에 대한 답변 중 하나입니다. 신이 있으라고 했잖아, 그게 출발이잖아, 이런 설명인 셈이죠. 유물론자들은 이 문장을 가지고 "태초에 행동이 있었나니"라고 말하면서 투쟁으로부터 무언가가 시작된다고 주장하고요.

그런데 분석을 잘못하면, 원인의 원인을 아무리 찾아가도 최초의 원인을 찾을 수 없는 경우도 있습니다. 헤겔은 이걸 '악무한bad infinity'이라고 했습니다. 그러니까 대개는 질문을 계속하다 보면 언젠가는 모든 것을 다 알게 되는데, 질문을 잘못하면 악무한에 걸린다고 생각한 거죠. 당시 사람들은 인류가 언젠가는 모든 것을 다 아는 순간이 온다고 생각했던 것 같습니다. 헤겔도 그렇게 생각했습니다. 헤겔은 언젠가는 우리가 다 알 수 있는데, 그 순간은 바로 세상이 끝나는 순간이다. 이렇게 얘기했죠.《법철학》서문에 나오는 저 유명한 문구 "미네르바의 부엉이는 황혼 녘에 날개를 편다"가 바로 그 얘기입니다. 미네르바는 지혜의 여신인 아테네의 로마식 표기로, 그 상징물이 부엉이였죠. 헤겔은 바로 이 첫 번째 원인에 대해서 철학적으로 대답하려 한 셈입니다. 레닌도 비슷한 얘기를 합니다. 우리가 언젠간 모든 것을 다 아는 순간이 온다. 참 즐거운 상상이었죠.

이와 반대되는 얘기를 한 사람이 바로 니체입니다. 니체는 지금-여기의 현실을 부정하게 만드는 이른바 이데아 철학이 인류를 병들게 했노라고 개탄했잖아요. 형이상학인 메타피직에서 메타는 현실 너머에 있는 진정한 관념을 의미하지만 니체는 그런 건 없다고 선언하죠. 그래서 니체가 1960년대 이후 아주 중요한 철학자로 재등장하게 됩니다. 21세기에는 우리가 모든 걸 다 알 수 있다는 생각은 하지 않잖아요. 시간이 아무리 흘러도 우리는 상대적으로 조금 더 알 뿐이지 모든 것을 아는 순간은 오지 않는다. 요즘은 이렇게 생각하는 편이니까요.

사르트르는 최초의 원인은 잘 모르겠지만 인과론이 작동하지 않는 순간, 즉 현재나 미래의 문제에 대해서 대답하려 했습니다.

어떤 원인이 있어서 그 원인에 따른 결과가 나오는 걸 이벤트라고 표현해봅시다. 이를테면 윈도우 안에서 우리가 클릭을 하면 팝업 창이 뜨거나 하는 거죠. 모든 정황상 어떤 이벤트가 생겨야 하는데, 만약 클릭을 해도 아무 일도 생기지 않는다면 어떻게 된 걸까요? 바이러스가 침투했거나, 컴퓨터가 고장 난 거죠. 컴퓨터도 그 자체로 하나의 우주 같은 겁니다. 자, 바이러스에 오염되지 않았고, 컴퓨터에도 문제가 없는데, 컴퓨터 스스로 "나, 오늘 피곤해, 오늘은 좀 쉴래." 이랬다면 어떻게 될까요? 정말 고민스럽겠죠. 당연히 벌어져야 할 이벤트가 벌어지지 않았다면? 이 질문에서 사르트르의 얘기가 시작됩니다.

정말 원인이 없는 경우가 있다면 어떻게 될까요? 그러니까 모든 정황상 이벤트가 생겨야 하는데 생기지 않았다는 것이니 이는 앞의 원인이 잘못되었다는 거잖아요. 그리고 그 원인의 원인도 잘못된 거고, 이렇게 계속 이어나가다 보면 최초의 원인도 잘못된 거겠죠. 즉 어떤 일을 할 때 당연히 생겨야 할 이벤트가 생기지 않는다면, 그 한 번의 현상만으로도 기존의 모든 인과관계가 다 무너지는 순간이 초래되는 것입니다.

사르트르는 인간에게 엄청난 권한을 부여한 셈입니다. 당연히 생겨야 할 이벤트가 생기지 않는, 그래서 모든 것을 무로 돌리는 그 엄청난 무에 해당하는 사건을 초래할 존재는 이 우주에서 인간밖에 없다고 말했으니까요. 그야말로 인간이 무의 원천이면서 동시에 모든 것을 한 번에 파괴할 수 있다는 거죠.

이러한 주장을 근거로 사람들은 인간이 가진 능력에 커다란 의미를 부여하게 되었습니다. 68 혁명의 구호 중 하나가 '상상력에게 권력을!Power to the imagination!'이었잖아요. '민중에게 권력을!Power to the people!'의 대구였고, 존 레논의 노래가사이기도 했습니다. 이 상상력이라는 구호가 사실상 68 혁명의 거대한 흐름을 전 세계로 퍼뜨렸습니다. 사적 유물론이라는 사고 틀 안에서는 모든 것에 법칙, 즉 생산 법칙이 작용하죠. 그런데 사르트르의 생각은, 그런 법칙을 인간이라는 특수한 존재가 깰 수 있다는 거예요. "실존은 본질에 우선한다"는 저 유명한 선언에는, 결국 인간이야말로 모든 법칙에 앞선다는 의미가 들어 있죠. 이걸 휴머니즘이라고 할 수도 있는데, 요즘 생태주의에서는 이런 생각을 '인간중심주의'라고 비판하기도 합니다. 인간이 뭐 별거냐는 반발이죠.

한편 이러한 실존적 상황을 물려받은 카뮈는 실존주의를 속류화했다는 비판을 받습니다. 《이방인》에서 주인공 뫼르소가 특별한 이유도 없이 아랍인을 살해하잖아요. 눈부신 태양빛 때문이라는 둥 당시의 관념으로는 상상도 할 수 없는 이유가 등장하는데, 잘 생각해보면 그것도 결과적으로는 일종의 인과관계를 형성한다고 볼 수 있습니다. 《페스트》에서는 더합니다. 페스트라는 극한적 상황을 만들거든요. 역병이 퍼져나가는 상황에서 사람들은 진짜 자기 속내를 보이게 되고, 또 숨겨진 본성을 드러냅니다. 극한상황에 처하면 누구나 그렇게 되지 않겠어요?

이처럼 결단을 요구하는 존재적 상황이 주기적으로 되풀이되면 그 자체가 일종의 인과론이라는 틀을 형성하게 되는 겁니다. 원인과 결과라는 인과론을 깨고 나온 게 아니라, 다시 인과론 안으로 들어간 것이죠. '무로 돌리는 무'라는 개념은, 사실은 아직 등장하지 않은 사건일 때 그 의미가 있습니다. 그래야 인과론이 아닌 다른 세계가 있을 수 있다고 말할 수 있는데, 카뮈처럼 매번 등장하게 만들면 '다반사'가 되어버립니다. 아무 일도 아니지요.

요즘 유행하는 시뮬레이션 기법 중에 재미있는 게 많습니다. 확률과 시뮬레이션을 통해서 혁명의 가능성을 계산하고 싶다는 충동을 느낄 정도인데, 이는 결국 혁명을 함수화할 수 있느냐의 문제가 되겠죠. 특정 조건이 충족되면 혁명이 발생한다. 그럼, 그 혁명도 인과론에 따른 결과, 즉 권력의 주체가 바뀌는 현상 외에는 아무것도 아니겠죠.

## 인간은 스스로
## 선택하고 결정하는 존재

68혁명의 시대적 배경과 관련해서 여러 가지 분석이 있을 수 있지만, 인간은 법칙에 따라 기계적으로 움직이는 수동적 존재가 아니라, 사르트르가 말한 것처럼 스스로 결정하고 선택하는 존재라는 의미의 '실존'이라는 말이 대중들에게 큰 감명을 준 것도 사실입니다. 그야말로 "우리가 뭐라도 해야 한다"는 대중적 파토스를 만들어낸 것이죠.

이렇게 사르트르와 실존주의 그리고 68혁명이 휩쓸고 간 후, 1강에서 얘기한 대로 1974년 석유파동과 함께 마르크시스트의 르네상스가 옵니다. 그리고 후기구조주의자라고 불리는 새로운 학자들이 등장합니다. 미셸 푸코를 비롯해서 마르크시스트 르네상스를 주도했던 일련의 학자들을 후기구조주의자라고 불러요. 이들 학자들은 "그는 마르크시스트가 아니다"라며 사르트르를 공동의 적으로 설정합니다. 비슷한 시기 독일에서는 《1차원적 인간》의 마르쿠제와 아도르노 등 소위 프랑크푸르트학파의 학자들이 등장하죠. 이들은 공통적으로 니체에 열광했고, 또 프로이트를 공부했습니다. 니체-마르크스-프로이트라는 세 개의 다리가 후기구조주의를 만든 거라고 말할 수 있습니다.

지금 돌이켜보면 사르트르가 있었고, 그를 넘어서고자 하는 논의가 열렸던 덕에 1981년 프랑스에 처음으로 미테랑의 좌파 정권이 들어설 수 있었다는 생각이 듭니다. 그때 프랑스 사회당이 처음으로 정권을 잡았죠. 14년을 집권했는데, 그중 7년은 다수당이 되어 총리를 배출했고요, 뒤의 7년은 파리 시장을 하며 절치부심하던 자크 시라크가 총리를 하면서 좌우파 동거 정부가 되었지요. 후기구조주의자들이 아무리 사르트르를 비판한다 해도, 그가 활동하던 시대가 결국 사회당 정권의 탄생을 이끈 것 아니겠어요?

그러나, 데리다 이후 후기구조주의자들이 전성기를 맞았을 때는 달랐습니다. 그때 프랑스 사회가 정치적으로도 올바른 길을 갔다면 저도 푸코를 읽어야 한다고 주장했을 거예요. 그런데 이 시기에는 르펜Jean-Marie Le Pen으로 대표되는 민족주의 극우 정치인이 득세하고, 우파들에게 정권이 넘어갑니다. 그러면 도대체 이 시기의 학자들은 무엇을 한 것인가, 이런 질문을 던질 수 있겠죠.

1990년대에 '포스트모던'이라는 개념이 유행하면서 자크 데리다와 같은 프랑스 학자들이 엄청난 영광을 누렸습니다. 학자로서 누릴 수 있는 최대의 영광을 누린 셈인데, 그때 프랑스가 과연 정치적으로도 잘되었는가 하면 그렇지 않거든요. 그러니까 프랑스의 후기구조주의자들이 그렇게 대단한 사람들이라면, 사회적으로도 눈에 띄는 뭔가가 나왔음 직한데 아무것도 없었어요. 이 사람들은 입만 열면 미국에 문제가 많다라고 말했죠. 미국은 민주당, 즉 리버럴리스트만 있고 좌파가 없다고 지적하기에 바빴죠. 그럼 프랑스는 뭐 잘한 게 있나요? 사실 별거 없기는 마찬가지잖아요. 개인에게 너무 많은 책임을 지우는 것 같아 부당해 보일 수 있지만, 세계적인 석학이 등장했을 때 과연 그 시대의 사회는 어땠는가, 그런 질문을 해봅니다. 석학들이 집단으로 등장했을 때 그 시대가 더 튼튼해져야 하는데, 프랑스의 후기구조주의는 어떤 변화를 만들었을까요?

## 학자의 탄생 :
## 무엇을 선택할 것인가

사르트르를 현실적으로 이해하기 위해서는 사회당과 공산당 사이의 논쟁 구조를 좀 알아야 합니다. 사르트르나 알튀세르, 모두 기본적으로는 공산당 계열의 당원들이었습니다. 동구권이 붕괴하기 전까지는 소련 공산당이 엄연히 존재했으니까, 유럽의 공산당들은 소련 공산당과 어떤 관계를 맺어야 하는가가 아주 골치 아픈 문제였죠. 공산당끼리는 연대협력 관계인데, 소련 공산당이 이래라 저래라 지시를 내리니 여간 골치 아픈 게 아니죠. 지시를 듣지 않으면 제명과 탈당을 거론하며 위협하는 서슬 퍼렇던 시절이었으니까요.

그렇다고 그냥 시키는 대로 하자니 자기 판단이 없는 허깨비 같은 존재가 되는 것 아니겠어요. 말 그대로 딜레마였죠. 그래서 유럽의 공산당원 중 일부는, 스탈린에게 암살당한 트로츠키를 따른다며 스스로 트로츠키주의자라고 선언하기도 합니다. 그러면 스탈린을 계승한 소련 공산당의 말을 듣지 않아도 되니까요. 그 시기에는 선택지가 별로 없었습니다.

사르트르는 자신이 마오이스트Maoist(마오쩌둥주의자)라고 주장했죠. 소련 공산당과도 관계없고 또 마오쩌둥이 유럽의 공산주의자들한테까지 이래라 저래라 할 수는 없는 노릇이잖아요. 스탈린도 싫고 마오쩌둥도 싫다면 카스트로◆를 선택할 수밖에 없었죠. 어쨌든 그는 총을 들고 진짜로 혁명을 한 사람이니까요. 자생적 사회주의 같은 건 말도 안 되는 주장으로 여겨졌습니다. 왜냐하면 이미 여러 사회주의 국가가 존재하고 있었으니 그중에 하나를 선택하지 않으면 '족보 없는 서자'로 무시당할 수밖에 없었거든요.

여기서 저는 '선택'이라는 개념을 강조하고 싶습니다. 실존주의가 옳다는 얘기를 하려는 게 아니라, 누구든 살아가면서 무엇인가를 선택하는 순간과 맞닥뜨리게 되는데, 그건 학문에서도 마찬가지라는 겁니다. 인식 틀이나 시각을 선택해야 하는 순간이 오니까요. 어느 누구도 저절로 학자가 될 수는 없습니다. 자기 생각이나 논리를 담은 책을 쓰겠다고 결심하는 순간, 선택을 해야 합니다. 개인에게는 작은 선택이지만, 어쩌면 이것이야말로 우주적 선택이 될 수도 있다는 게 제 생각입니다. 물론 이 선택은 개인들에게는 그야말로 우연이죠.

반면 스탈린주의자들처럼 '필연'을 강조한 사람들은, 처음부터 어느 계급에 속하느냐로 선택지가 정해진다고 봅니다. 이 상황에서는 개인의

---

◆ 1950년대 체 게바라 등과 함께 부패한 바티스타 정권을 전복하고 현재의 쿠바 공산주의 정부를 세워 그 지도자가 되었다. 2006년 동생 라울 카스트로에게 권력을 이양했다.

선택의 범위가 아주 좁아지죠. 부자는 부자를 위한 학문을 하게 되고, 가난한 사람은 가난한 사람을 위한 학문을 하게 되는 것입니다. 학문을 한다는 것 자체가 가진 사람들의 지적 유희라고 보는 거죠.

프랑크푸르트학파의 마르쿠제나 아도르노도 부유한 집안 출신들이었어요. '필연'의 논리를 그대로 받아들이면, 아도르노 같은 사람들의 학문도 다 부자들을 위한 것이라고 이해해야 하는데 실제로는 그렇지 않거든요. 사르트르의 경우도 마찬가지입니다. 당대 최고의 석학이었고, 색소폰 연주도 수준급이었으며, 과감히 가두시위에 나서기도 했고, 베트남 전쟁에 반대하는 연설을 들어보면 목소리도 좋았습니다. 이런 사르트르도 부자에다 귀족 출신이었거든요.

원래 공부란 게 18, 19세기는 말할 것도 없고 20세기까지도 부자들이나 하는 거라는 인식이 퍼져 있었습니다. 하지만 이제는 학문이 꼭 경제적인 여유가 있는 사람들의 전유물은 아니잖아요. 그러니 이제는 '학자의 선택'이 그 어느 시대보다 중요한 의미를 갖게 되었다고 할 수 있습니다.

## 이탈리아의 에코, 우루과이의 갈레아노, 그렇다면 한국은?

여기서 제가 하고 싶은 질문은 이런 겁니다. 우리는 과연 어떤 학자를 좋은 모델로 삼아야 할 것인가? 그리고 어떻게 현실에서 지지 않는 학문을 해나갈 것인가? 그 사례로 저는 움베르토 에코◆와 에두아르도 갈레아노★를 꼽고 싶습니다.

앞서 얘기했던 학자들이 주로 프랑스에서 활동했다면, 에코는 이탈리아 공산당을 배경으로 활약했고 한국에서도 꽤 사랑받아온 학자입니다. 사르트르부터 후기구조주의까지 다 경험한 사람이지요. 이탈리아는 한국과 비슷한 면이 많습니다. 예컨대 섬유산업을 기반으로 성장한 것이며, 지역간 경제적 격차가 커서 지역 갈등을 겪는 것도 그렇고 말이죠. 그런데 에코가 한창 전성기를 구가할 때 이탈리아는 어땠을까요? 그동안 사실 이탈리아는 기업의 힘이 더 강고해져서 한국처럼 아예 정치권력을 장악해버렸죠. 마피아들의 세력이 커져서, 아예 정치가 마피아처럼 되었다고 할 수 있습니다. 에코가 그런 이탈리아를 보면서 얼마나 답답했을까요? 그런 맥락에서 에코를 읽으면 그의 농담에도 가슴이 저려옵니다.

반면, 갈레아노는 우루과이 출신의 기자입니다. 우리나라에 소개된 그의 책이 《축구, 그 빛과 그림자》인데, 정몽준 씨가 추천사를 썼습니다. 2002년에 축구 붐을 조성하는 데 도움이 될까 싶어서 그랬겠지만 아마 어떤 사람인지 알았다면 추천사까지 쓰지는 않았을 겁니다. 재미있는 건

---

◆ Umberto Eco(1932~): 이탈리아의 기호학자이자 철학자, 미학자로 《기호학 이론》 등 다수의 저서를 발간했으며, 베스트셀러 소설인 《장미의 이름》의 작가이기도 하다.
★ Eduardo H. Galeano(1940~): 우루과이의 저널리스트이자 소설가. 1970년대 우루과이 군사정권에 저항하는 글을 쓰면서 여러 국가로 망명을 반복해야만 했다. 1985년에 귀국했으며, 2004년 우루과이 역사상 처음으로 선거를 통해 좌파정부가 들어서는 데 기여했다.

이탈리아도 축구에 열광하는 대표적인 나라인데, 에코는 "축구 좋아하는 놈들은……" 하면서 축구와 축구팬을 비판하는 글을 썼어요. 좋게 말하면 용감한 거고 나쁘게 말하면 사소한 일에 목숨 건 사례죠. 반면 갈레아노는 그 자신이 축구를 좋아해서, "남미 축구는 제국과 싸웠던 민중의 분노이고 무기이다"라고 말했죠. 세계적으로 아주 유명한 남미사 책인 《수탈된 대지》를 쓴 사람이 바로 갈레아노입니다. 스페인에 망명해 있으면서도, 끊임없이 글을 쓰고 책을 내면서 우루과이의 해방에 힘을 보탰죠. 그 과정에서 고문도 많이 당했지만, 결국 이기고 조국으로 돌아온 거예요.

푸코나 에코 같은 멋있는 학자들도 많지만, 저는 갈레아노 같은 지식인을 선호하는 편입니다. 갈레아노가 맹활약함으로써 우루과이는 해방될 수 있었지만, 에코는 비록 세계적으로 유명해지고 돈도 많이 벌었지만 그 당시 이탈리아는 좋아지지 않았거든요.

그런 의미에서 저는 《어둠 속의 희망》◆이란 책을 추천하고 싶습니다. 레베카 솔닛이라는 환경과 인권 분야의 현장 활동가가 낸 책인데, 최근 미국에서 나온 책 중에 개인적으로는 가장 많은 가르침을 얻은 책이라 여기저기 추천하고 다닙니다. 재미는 별로 없지만, 중요한 건 이긴 사람의 책이라는 겁니다. 미국에서 W. 부시 정부의 임기가 끝나갈 무렵, 촘스키를 비롯한 많은 지식인들이 부시의 재선을 막기 위해 애썼지만, 결국 재선됐죠. 제2기 부시 정부가 시작된 겁니다. 시민단체가 해야 할 역

---

◆ 레베카 솔닛, 《어둠 속의 희망 Hope in the Dark》, 설준규 옮김, 창비, 2006.

할에 대해서 진지한 고민이 이루어질 수밖에 없었겠죠. 결국 이 책에서 저자는 지역의 극우파들과도 손을 잡아야 한다고 주장합니다. 실제로 지역의 댐 건설 반대 투쟁에서 극우파들과의 협력을 통해 결국 승리하고 환경을 지켜낸 사례를 소개하고 있죠. 극우파들과 어떻게 손을 잡겠나 싶겠지만, 그래도 해야 한다고 저자는 주장합니다. 이런 고통스런 과정을 통해서 미국은 결국 정권을 바꿨잖아요.

일본의 사례도 잠깐 살펴볼까요? 제가 해제를 썼던 유아사 마코토◆나 아마미야 카린★, 이런 활동가들이 자신의 고민과 성찰을 책으로 출간하면서 마침내 일본 자민당의 55년 장기집권을 종식시켰죠. 텍스트의 중요함이나 '학'의 엄밀함으로 따지면 유명한 저자나 소문난 철학자는 아니지만, 이들이야말로 '지지 않는 학문'을 한 사람들입니다. 그들은 일본에서 왜 20대가 투표에 참여해야 하는지, 시민운동이 과연 무엇을 해야 하는지, 이런 문제들을 고민하면서 반反빈곤운동을 조직하고 말 그대로 현장 운동가로서 자기가 보고 느낀 것을 그대로 기록해 책을 냈습니다. 어떻게 보면 진짜 '성찰'에 대한 책이라고 할 수 있죠.

푸코나 데리다의 책도 의미가 있겠지만, 우리에게 정말 중요한 책은 바로 이렇게 현실과 부딪히고 싸워서 이긴 사람들의 책이 아닐까요. 그들이 어떤 식으로 행동했고 어떻게 시대를 바꿨는지 책을 통해 배울 수

---

◆ 일본의 빈곤 문제 활동가. 《빈곤에 맞서다》, 유아사 마코토, 우석훈 해제, 이성재 옮김, 검둥소, 2009.
★ 일본의 작가, 빈곤 문제 활동가. 《성난 서울》, 아마미야 카린, 우석훈 공저, 송태욱 옮김, 꾸리에, 2009.

있고 또 우리의 경우를 고민할 수 있으니까요. 제가 '일반인 저자'나 '새로운 저자'를 계속 발굴해야 한다고 주장하는 이유도 바로 그 때문입니다. 학자는 골방에서 생기는 게 아니니까요. '지지 않는 학문'이라는 건 좋은 독자뿐만 아니라 좋은 저자가 많아야 하고, 그중에서도 활동가들이나 생활인들이 발로 뛰며 쓰는 책들이 많아져야 가능합니다. 그 결과물들이 쌓이고 쌓이면 엄청난 힘을 발휘할 수 있습니다.

사회과학을 공부한다고 할 때, 철학사를 모두 살피고, 또 스탈린주의나 마오주의 등 혁명사도 다 공부하고, 그러고도 다시 1990년대와 21세기의 책들을 다 읽어야 한다면 이것만으로도 일생이 다 가겠죠. 이런 식의 학문을 우리는 '훈고학'이라고 부릅니다. 우리가 굳이 이런 식의 공부를 반복할 필요는 없잖아요. 쟁쟁한 학자들도 모두 그렇게 하지는 않았으니까요. 어떻게 보면 우리의 학제가 이런 훈고학적인 장치들을 통해서 개인들을 지나치게 피동적으로 만든 건 아닌가 하는 생각이 듭니다. 한국의 대중이나 민중을 지식이나 교양의 소비자로만 본 것은 아닌지 반성해봐야 합니다.

네 번째 쪽글

## 나의 행위는 돈으로 얼만큼 설명 가능한가?

5강에서는 경제 문제를 살필 예정입니다. '경제적 인간 가설'의 기본은, 돈으로 모든 것이 설명 가능하다는 주장과 크게 다르지 않죠. 물론 실제로는 돈으로 설명되지 않는 것들이 많지만 말예요.

돈으로 사회를 설명한다면, 선진국은 개개인의 행위를 돈과 결부해서만 설명하기는 어려운 사회이고, 중진국은 돈으로 설명이 잘되는 사회이며, 후진국은 돈 아니라 그 무엇으로도 설명하기 힘든 사회라고 볼 수 있습니다.

그 기준으로 따지면, 한국은 전형적인 중진국이죠. 돈으로 설명이 다 되니까요. 대체적으로 4만 달러 이상의 국민소득을 올리는 나라들이 돈만으로는 설명하기 어려운 사회 시스템을 갖춘 나라들입니다. 사람들은 그건 이미 돈을 잘 버는 선진국이라서 그렇다고 말하지만, 저는 돈으로 설명되지 않는 행위를 하는 국민들이 늘어나는 나라가 21세기에는 선진국이 될 거라고 봅니다.

자, 그렇다면, 나의 행위는 돈으로 얼만큼 설명 가능한가? 이건 정량적인 답을 요구하는 질문입니다. 따라서 퍼센트로 답을 해야 합니다. 요령은, 정성적 형태로 제시된 질문을 정량적 형태로 사유하고 답변을 만들어보는 것이죠. 그때그때 달라요, 식의 답변은 따라서 아무런 의미가 없습니다.

# 5

# 경제적 인간과 사회적 인간
개인, 구조, 그리고 다리

인식론적 선택의 문제는, 사실 좋고 나쁨의 문제가 아닙니다. 경제학자들이 인간을 무조건 이기적인 동물이라고 볼 때도, 그 자체로 나쁘다고만 하기는 어렵습니다. 그런 설명 체계를 토대로 얻은 결과를 가지고 그것이 사회적으로 의미 있는지 없는지를 평가하면 됩니다.

5 • 경제적 인간과 사회적 인간 : 개인, 구조, 그리고 다리

## 개인을 볼 것인가
## 전체를 볼 것인가

4강에서는 '한 명의 학자가 어떻게 탄생하는가?'에 대해 살펴봤습니다. 5강에서는 학자가 된 후 처음으로 해야 할 선택에 관해 얘기해보겠습니다.

오른쪽의 〈그림 2〉를 한번 보세요. 정확히 뭔지는 잘 모르겠지만, 테두리가 있고(A) 내용을 채우고 있는 것들(B)이 있네요. 그런데, 사람의 눈은 동시에 둘 다 볼 수 없습니다. 둘 다 봐야 한다, 둘 다 무시할 수 없다라는 얘기는 사실상 하나마나한 것이죠. 여러분이 지금 자신의 이론을 만들기 시작하는 순간이라고 생각해봅시다. 분석해야 할 대상이 있는데, 이때 테두리를 먼저 볼 것이냐 아니면 내용물을 먼저 볼 것이냐, 선택하는 수밖에 없습니다. 그리고 이 순간의 선택이, 그 뒤의 학문 인

〈그림 2〉 개인이냐, 전체냐

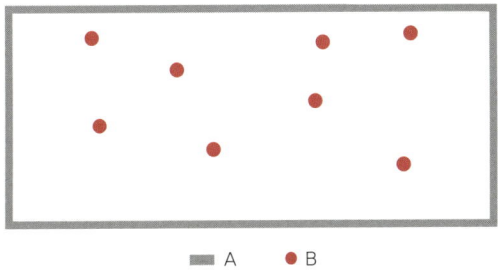

생을 결정짓게 됩니다. 이건 아주 오래된 질문이기도 하고, 지금 한국을 지배하는 경제 근본주의에 대한 질문이기도 합니다.

물이란 무엇인가, 라고 질문을 던져봅시다. 물은 $H_2O$다, 이렇게 화학식으로 답할 수도 있죠. 그렇지만 화학식은 수증기나 얼음 같은 물의 다른 성질에 대해서는 알려주지 않습니다. 고대 그리스의 철학자들은 물, 불, 공기, 흙같이 세계를 구성하는 원소들만 잘 알면 세상을 이해할 수 있다고 했습니다. 이건 원자, 즉 내용을 먼저 봐야 한다는 주장이죠. 반면에 국가나 민족과 같은, 테두리를 강조하는 주장들도 있습니다. "한국인이란!" 하고 시작하는 주장들은 대개 테두리에 대한 논의들입니다.

이것을 학문적으로는 '방법론적 개인주의methodological individualism'와 '방법론적 전체주의methodological holism' 사이의 갈등이라고 합니다. 개체와 구조의 문제라고도 하죠. 인간이란 과연 어떤 존재인가를 경제학적 관점에서 보느냐 사회학적 관점에서 보느냐의 차이기도 합니다.

## 왈라스의 개인 :
## 미시경제학의 경우

경제학에서는 인간에게는 자신의 고유한 효용함수가 있고, 인간은 누구나 주어진 제약 조건 아래에서 최대의 만족을 이끌어내는 행위를 한다는 '경제적 인간'을 설정합니다. 그게 변덕스럽든 아니면 미학적이든, 우리는 효용함수가 있다는 것만 알면 됩니다. 이때 효용을 최대화하기 위해 애씁니다. 자기가 가지고 있는 돈으로 최대의 행복을 선택하는 겁니다. 그런데 개인들이 다 자기 맘대로 하면 세상은 엉망이 되지 않을까요? 이 질문에 답한 사람은 레옹 왈라스◆라는 경제학자입니다. 왈라스는 그건 걱정할 필요 없다, '일반 균형general equilibrium'에 도달하는 방법이 있다고 종합적인 해법을 제시했죠.

n개의 시장이 있다고 합시다. 그러면 그 n개의 시장에서 n개의 가격이 생겨나겠죠? 여기서 말하는 n은, 아주 많지만 무한하지는 않은 숫자입니다. 우리가 상상할 수 있는 모든 재화의 숫자를 다 더하면 n개가 되

---

◆ Léon Walras(1834~1910): 프랑스에서 태어났지만 성년기의 절반을 스위스에서 지내면서 시장경제의 일반 균형적 체계를 분석, 현대적 일반균형이론의 시조로 평가된다. 《순수경제학요론》을 남겼으며, 스위스 로잔 학파의 창시자이다.

겠죠. 이 세상을 의미한다고 볼 수 있습니다. 사람들이 시장에서 동시에 거래를 하면? 방정식은 n개, 그리고 미지수도 $P_1, P_2, \cdots, P_n$, 즉 n개죠. 일종의 연립방정식 체계인데, n개의 1차 방정식에 n개의 미지수가 있으니까, 이 방정식들이 선형적으로 독립되어 있으면 방정식은 풀립니다. 그리고 그때의 가격을 균형가격이라고 부릅니다. 즉 왈라스의 세상에서는, 사람들이 다 자기 하고 싶은 대로 해도 이론적으로는 누구도 거래에 실패하는 경우 없이 일반 균형에 도달하게 된다는 거죠.

이게 바로 미시경제학의 세계입니다. 여기에 불만을 가진 사람들이 아주 많았는데, 그중에서 가장 심각하게 반론을 제기한 사람이 바로 영국의 경제학자이자 정치철학자인 프리드리히 하이에크◆입니다. 그 이유는 저 계산대로 하면 자본주의나 사회주의나 똑같은 '사회적 최적점'에 도달하게 되기 때문입니다. 시장 사회에서는 사회적 의사결정을 시장이 맡아서 하지만, 사회주의에서는 국가나 위원회가 하면 그뿐이니까, 이 틀을 받아들이면 자본주의가 사회주의보다 더 효율적이라고 말할 수 없게 됩니다. 실제로 왈라스는 사회주의자였고, 또 사회당 당원이기도 했습니다.

하이에크가 신자유주의의 기반이 되는 '개인의 자유'에 대해 강조한 것도 왈라스와는 다른 방식으로 개인들의 자유로운 의사결정을 하나로

---

◆ Friedrich August von Hayek(1899~1992): 오스트리아 태생의 영국 경제학자이자 정치철학자로 자유주의의 입장에서 사회주의의 계획경제에 반대하고, 서구의 복지국가가 채택하고 있던 케인스의 이론에 대항해 자유민주주의 이론과 자유시장 경제 체제를 옹호했다. 신자유주의의 사상적 아버지로 불린다.

묶어주는 장치가 필요했기 때문입니다. 하이에크는 그걸 '시장 과정 market process'이라고 불렀습니다. 시장은 단순히 가격을 결정하는 장치만이 아니라, 그것과는 다른 뭔가를 우리에게 준다, 그런데 그게 뭔지는 잘 모르니까 그냥 시장 과정이라고 불렀죠. 슘페터의 '창조적 파괴'나 아니면 '자본가 정신' 같은, 요즘 유행하는 '혁신' 같은 용어가 이 과정에서 등장하게 됩니다.

## 케인스의 전체 :
## 거시경제학의 경우

그런데 이렇게 왈라스의 방향과는 아예 처음부터 반대로 접근한 사람이 바로 케인스입니다. 어떤 경제원론 책이든, 앞의 절반은 앨프리드 마셜◆에서 왈라스까지, 그리고 나머지 반은 케인스 얘기로 구성됩니다. 이렇게 서로 다른 흐름을 한 권에 정리해놓은 사람이 바로 최초로 표준적인 경제학 교과서를 만든 폴 새뮤얼슨★입니다.

왈라스가 개인의 행위함수를 설정하는 데서부터 출발했다면, 케인스

---

◆ Alfred Marshall(1842~1924): 영국의 경제학자로 신고전주의경제학의 기초를 닦았다. 부분균형이론의 창시자이다.
★ Paul Anthony Samuelson(1915~2009): 미국의 경제학자로 신고전학파의 미시적 시장균형이론과 케인스의 거시경제이론을 접목시켜 '신고전파 종합이론Neoclassical Synthesis'이라는 새로운 학문 체계를 완성했다. 슘페터의 제자이다.

는 처음부터 경제적 주체를 거시적 주체로 설정합니다. 케인스의 세계에서도 소비자, 기업, 정부가 나오지만, 이때 소비자나 기업은 왈라스와는 달리 하나씩만 있는 것으로 설정됩니다. 개별적인 주체는 고려하지 않는 거죠. 이게 바로 우리가 거시경제학이라고 부르는 세계입니다. 그러니까 케인스는 일종의 집단적 행위 혹은 평균값의 세계에서 자신의 경제 이론을 그렸습니다.

케인스가 자신의 이론을 설명하기 위해 예로 든 것 중에서 가장 유명한 게 바로 '미인선발대회'입니다. 미인선발대회에서 심사위원들은 자신이 가장 예쁘다고 생각하는 미인을 뽑는 게 아니라, 다른 사람의 반응을 보면서 뽑게 된다는 겁니다. 그러다 보면 집체적 행위라는 게 등장하죠. 주식시장도 마찬가지입니다. 주식에 투자하면서 자기 자신의 계산을 믿기보다 다른 사람들의 선택을 따라가게 된다는 거죠. 자기가 생각하기에는 주가가 오를 것 같아도 다른 사람들이 주식을 팔면 주가는 내려갈 수밖에 없잖아요.

왈라스와 케인스의 세계는 이론적으로는 병립이 불가능합니다. 미시경제에서 출발해서 자연스럽게 거시경제로 넘어갈 것 같지만, 실제로 경제학에서 두 세계는 대립하는 관계지, 자연스럽게 논리적으로 연결되는 관계는 아닙니다. 물론 하이에크의 제자인 밀턴 프리드먼◆ 같은 학자가 왈라스의 개인에 관한 이론에서 자연스럽게 거시경제학을 만들어보려

---

◆ Milton Friedman(1912~2006): 미국의 경제학자. 정부의 개입을 지양하고 민간 경제의 자율성을 주장한 신자유주의 경제학자이다.

고 시도하긴 했습니다. 이런 시도를 한 일군의 학자들을 시카고학파라고 부릅니다. 지금 우리가 신자유주의라고 부르는 일련의 흐름을 만들어낸 사람들이죠. 하지만 여전히 개인에서 출발해서 전체로 가는 문제는 이론적으로 해결되지 않은 상황입니다.

케인스의 이야기를 우리가 이해할 수 있는 형태로 바꿔 말한 사람이 에밀 뒤르켐입니다. 그는 개인individual의 합이 전체I는 아니라고 말했습니다.

$$I \neq \Sigma i$$

이것을 '방법론적 전체주의'라고 하는데, 집단은 개인의 속성으로는 설명할 수 없는 그 자체의 독특한 속성이 있다고 보고, 사회는 단순한 개인의 집합이 아니므로 사회 전체를 직접 연구대상으로 해야 한다는 입장입니다. 그 후로 사회학이 본격 출발하면서, *homo sociologicus*(사회적 인간)라는 개념으로 정형화됩니다. 참고로, 케네스 애로우◆라는 경제학자가 개인의 후생함수들을 다 모아도 사회적 후생함수가 되지 않는다는 정리로 노벨경제학상을 받았고, 이걸 '불가능성 정리Impossibility theorem'라고 합니다.

---

◆ Kenneth Joseph Arrow(1921~ ): 미국의 경제학자. 이론경제학과 후생경제학에 관한 독창적인 연구로 1972년 노벨경제학상을 수상했다.

## 개인에서 전체로, 혹은 전체에서 개인으로

이렇게 개인에서 시작해서 전체로 향하는 접근 방식과 전체에서 시작해서 개인으로 향하는 접근 방식이 공존하게 되는데, 문제는 두 가지 방식에서 제시하는 개인과 사회 그리고 구조가 모두 상이하다는 점입니다. 왈라스와 뒤르켐, 하이에크가 보여준 사회가 다 다릅니다. 개인에 대한 이해도 다르고 말이죠.

구조주의의 대표자라면, 언어학에서는 페르디낭 드 소쉬르◆, 인류학에서는 레비-스트로스★를 꼽을 수 있죠. 소쉬르는 언어에는 구조인 랑그langue와 실제로 사용되는 파롤parole이 있다고 얘기합니다. 그런데 언어를 그렇게 놓고 보니까, 실제로는 그 안에서도 빈번하게 변형이 일어나는 겁니다. 하여 그런 변천과 변화를 설명하려고 한 사람이 바로 촘스키입니다.

언어에서 구조주의의 특징은 정말 명확합니다. "구조는 언어와 같다"는 표현이 있습니다. 언어는 개인이 선택할 수 있는 대상이 아니죠. 이것

---

◆ Ferdinand de Saussure(1857~1913): 스위스의 언어학자. 구조주의structuralism의 원류로서 언어학, 기호학뿐만 아니라 20세기의 인문학, 사회과학 전반에 큰 영향을 주었다. 1916년 그의 수업을 들었던 제자들에 의해 출간된《일반언어학 강의》가 주요 저서로 남아 있다.
★ Claude Lévi-Strauss(1908~2009): 프랑스의 인류학자. 소쉬르의 영향을 받아 프랑스의 인문학 및 사회과학에서 구조주의가 성립하는 데 매우 중요한 역할을 했다. 사람들의 '관계'를 구조적인 관점에서 파악하려 노력했으며, 주요 저서로《슬픈 열대》,《야생의 사고》,《친족의 기본구조》등이 있다.

은 언어의 속성이자 구조의 속성입니다. 레비-스트로스는 인간이라는 존재는 뇌 기능을 비롯한 기본적인 속성은 똑같은데, 다만 그 사람이 어떤 구조를 가진 사회에서 태어나느냐에 따라 다른 속성을 갖게 된다고 얘기합니다. 그러면 남는 것은 구조의 차이밖에 없죠. 레비-스트로스가 활동하던 시기는 아직 인종주의가 횡행할 때였는데, 그는 인종주의에 반대하면서 인간은 다 똑같은데, 다만 사회의 구조만이 다른 것이라고 얘기했습니다.

구조주의는 매우 직관적이면서도 설득력이 높지만, 치명적인 약점을 가지고 있습니다. 변화를 설명하기가 어렵다는 겁니다. 구조가 도대체 어디에서 왔고 어떻게 변해갈 것인가, 즉 기원의 문제와 변천의 문제에 대해서 답을 내놓기가 쉽지 않습니다.

예를 들어봅시다. 한국, 미국, 일본, 세 나라의 사회 구조가 다르다는 설명을 할 때 구조주의는 아주 매력적인 강점을 갖습니다. 그런데 그 구조는 과연 어디에서 왔는가를 묻는다면, 인종 혹은 민족의 차이점을 들먹여야 합니다. 그다지 설득력 있지 않습니다. 게다가 구조의 변화를 설명하려면 훨씬 더 많은 정보를 끌어와야 합니다. 내부의 변화만으로는 설명하기가 쉽지 않아 외부의 변수들, 즉 외부 충격을 도입해야 하는데, 이렇게 되면 이론은 엉망진창이 돼버립니다. 한국 경제를 설명하다 말고, "그런데 외환위기가 생겨서"라고 갑자기 외부의 변화를 끌어오는 식이죠.

외부 충격으로 내부의 구조 변화를 설명하면 그럴듯해 보이기는 하지만 온갖 외부적인 요소들을 전부 거론해야 하기 때문에 혼란이 옵니다.

그렇다고 변화는 없고, 존재하는 구조는 영원하다는 식의 터무니없는 주장을 펼 수는 없죠. 이러다 보니 한때 많은 사람들을 매혹시켰던 구조주의도 점차 영향력을 잃게 되었습니다.

그렇다고 다시 경제적 개인주의에 기반한 보편주의로 돌아갈 수는 없습니다. 경제적 인간의 보편주의 가설은 변화를 설명할 필요가 없죠. 인간은 호모 사피엔스 이래로, 원시 시대나 지금이나 다 똑같다고 설정됩니다. 우리는 그저 로빈슨 크루소 한 사람만 알면 됩니다. 그야말로 딜레마가 아닐 수 없습니다.

## 다른 시도들 : 문화적 접근과 게임이론

20세기 중반으로 넘어가면서 경제적 개인주의와 구조주의의 양 극단의 중간에서 접근해보려는 시도들이 등장합니다. 그야말로 '다리bridge'에서 출발하려는 시도들이 각광을 받게 됩니다. 그 최초의 시도가 '문화적 접근'이라고 할 수 있습니다. 문화는 개인은 아니죠. 그렇다고 그 자체로 구조인 것도 아닙니다.

이런 접근은 원래 다민족 국가라고 할 수 있는 미국을 설명하기 위해서 등장한 것입니다. 민족국가의 형태로 근대 국가를 만든 유럽의 경우와는 달리 미국은 민족을 설정할 수가 없었잖아요? 그런데 어떻게 하나의 국가로 기능을 하고, 자기들 내부의 문제를 풀 수 있단 말인가? 이런 질문에 답하려다 보니, 미국이라는 사회가 어쨌든 자신들만의 문화라는 것을 만들게 되었다는 식으로 접근하게 된 겁니다.

그런데 문화적 접근을 너무 끝까지 밀고 가면, 모든 문화는 제각기 나름의 기능이 있다는 문화 기능주의 혹은 문화 상대주의에 봉착하게 됩니다. 모든 문화는 다 존재 이유가 있으니 존중받아 마땅하다는 논리입니다. 이것은 서구 열강의 눈으로 제3세계 국가나 원주민들을 미개인으로 몰아붙이지 못하게 하는 순기능을 했습니다만, 거꾸로 현실에 존재하는 모든 문화를 전혀 비판하지 못하게 하는 맹점도 가지게 했습니다. 이를테면 유교 문화는 문화로서 존중받아야 하지만 지나친 남성중심주의는 당연히 비판의 대상이 돼야 함에도 그러지 못하는 결과를 초래하는 것이죠.

구조와 개인 사이에 위치하는 또 다른 이론으로, 구舊제도학파old institutionalism가 있습니다. 소스타인 베블런♦이 대표적인 학자인데, 이들은 경제학의 전통적인 관심 분야인 지대나 이윤, 자본, 소득 등에서 벗어나 사회 규범과 법률, 관습, 윤리 등 제도적인 측면에 관심을 기울였죠. 하지만 이들이 말한 제도라는 것도 그 자체로 구조도 개인도 아닙니다. 구제도학파와 달리 신제도학파는 개인들 사이의 약속 혹은 계약을 강조하며 개인 쪽으로 훨씬 더 기울어져 있습니다. 2009년에 노벨경제학상

---

♦ Thorstein Veblen(1857~1929): 미국의 사회학자이자 경제학자로 제도경제학의 선구자다. 대표적인 저서로 《유한계급론》이 있다. 일부 사치품의 경우 수요와 공급의 원칙이 적용되지 않고 가격이 높을수록 오히려 잘 팔리는 현상을 '베블런 효과'라고 부른다.

을 탄 윌리엄슨 같은 학자들이 신제도학파에 속하죠. 유럽에서는 개인들 사이에 맺어지는 약속을 중심으로 하는 협약주의conventionalism라는 접근이 있는데, 방법론적으로는 신제도학파나 게임이론과 유사합니다.

게임이론은 모든 개인이 합리적으로 행위한다고 가정하고 모델을 작동시켜, 게임을 통해서 새로운 구조를 만들어내게 됩니다. 구조와 개인 중 개인 쪽에 훨씬 기울어 있습니다. 그러다 보니 당연히 개인주의가 갖는 문제점들과 다시 부딪히게 되어 결국 효용극대화 가설들이 지닌 한계를 넘어서기가 쉽지 않습니다. 게임을 먼 과거에 하든 지금 하든, 아니면 먼 미래에 하든 결과는 마찬가지거든요.

그래서 차이를 설명하기 위해 도입한 것이 바로 진화라는 개념입니다. 시간을 집어넣는 거죠. 말하자면 같은 게임을 계속해서 반복하면 어떻게 될까를 묻는 것입니다. 이른바 진화게임이론evolutionary game theory이라는 굉장히 복잡한 이론이 등장하게 됩니다. 그래도 구조와 개인을 함께 설명하는 문제가 깔끔하게 해결되는 건 아닙니다. 최근에는 일부에서 시스템 공학을 이용해 이 문제를 극복하려고 시도해보기도 하지만, 구성요소와 전체 시스템 사이에 생겨나는 간극의 문제는 여전히 해결되지 않습니다.

이처럼 구조와 개인의 간극을 뛰어넘으려는 여러 시도들이 있었지만, 만족할 만한 성과를 얻지는 못했습니다. 구조와 개인을 함께 설명하는 완벽한 이론은 아직 없습니다.

## 무엇을
## 선택할 것인가

결국 우리 앞에 인식론적 선택이라는 무거운 과제가 놓이게 됩니다. 처음 분석을 시작할 때, 구조든 개인이든 어느 한쪽을 선택해야 합니다. 그렇지 않고서는 더 나아갈 수가 없으니까요. 딱 한가운데서 출발하면 될 것 같지만, 그게 곤란하지요.

인식론적 선택의 문제는, 사실 좋고 나쁨의 문제가 아닙니다. 극단적인 구조주의자의 경우에도, 약점이 있다고 얘기할 수는 있어도, 그 선택 자체가 나쁘다고 할 수는 없습니다. 경제학자들이 인간을 무조건 이기적인 동물이라고 볼 때도, 그 자체로 나쁘다고만 하기는 어렵습니다. 그런 설명 체계를 토대로 얻은 결과를 가지고 그것이 사회적으로 의미 있는지 없는지를 평가하면 됩니다.

예를 들어 《88만원 세대》의 이론 틀은 새뮤얼슨의 '세대간 중층모델 over-lapping generation model: OLG'이라는 매우 개인주의적인 모델에서 출발한 것입니다. 구조가 아니라 개인들이 만들어낸 선택의 문제를 중심에 놓고, 그것이 결국에는 구조에 영향을 주게 되었다는 접근 방식이었죠. 분명히 구조적 문제이기는 하지만, 구조적 접근법을 선택하지 않았습니다. 세대는 비록 구조 개념이지만 개인들의 선택 이론 위에 기본 틀을 세우고 접근한 셈입니다.

구조주의와 개인주의 중 어느 것을 선택하느냐는 좋고 나쁨을 결정하는 건 아닙니다. 선택의 문제일 뿐입니다.

**다섯 번째 쪽글**

**6조 혜능, 돈오돈수, 돈오점수에 대해 아는 대로 적어보기!**

6강에서는 과학철학과 해석학의 세계를 공부해볼 생각입니다. '설명과 이해'라는 키워드는 과학과 사회에 대한 두 가지 대표적인 접근법을 보여주는데, 공부를 시작하기 전에 다음과 같은 주제로 쪽글을 써보겠습니다.

6조 혜능, 돈오돈수, 돈오점수에 대해서 아는 대로 적어보십시오. 아는 게 없다면, 상상력을 동원해 작문을 해도 좋습니다. 다만 검색을 하거나 따로 책을 찾아 읽지 말고 그야말로 아는 대로 쓰는 것이 중요합니다. 이 낯선 세 단어의 조합에서, 자기가 끌어낼 수 있는 얘기의 극대치를 보여주세요. 힌트! 이 질문의 의도는 기초 상식에 의한 순발력 테스트입니다.

# SOCIAL SCIENCE FOR YOU & ME

# 6

## 설명과 이해
과학주의 VS 해석학

법칙을 설정해서 앞으로 어떤 일이 벌어질 것인지 설명하는 것과, 지금까지 어떠한 일이 벌어졌는지 그 맥락을 이해하는 것! 어느 쪽이 더 중요할까요? 물론 설명과 이해 두 가지 다 필요하긴 하지만 지나온 길을 해석하는 과정이 한국에는 더 중요하다고 생각합니다.

# 6 · 설명과 이해: 과학주의 vs 해석학

## 과학이란 무엇인가 :
## 백조가 희다는 것을 입증할 수 있는가

6강에서는 '설명과 이해'라는 제목으로 과학철학과 해석학에 대해 알아보겠습니다. '설명'이라는 단어로 카르납에서 포퍼를 거쳐 파이어아벤트까지 이어지는 과학철학을, '이해'라는 단어로 딜타이를 거쳐 폴 리쾨르까지 이어지는 해석학hermeneutics을 다뤄볼 예정입니다.

20세기로 넘어오면서 과학자들은 헤겔이나 칸트의 논리는 "도대체 증명할 수가 없다"고 불만을 표했습니다. 절대 무에서 무가 등장한다거나, 또 거기서 오성과 이성이 분화한다는 주장들은 사실 요즘의 과학 논리로는 입증하기가 어려운 주장입니다. "신이 있다는 명제는 개가 짖는다는 명제보다 의미가 없다"는 말이 그 시대에 유행했죠. 당연히 신학자들은 발끈했겠지만, 사실 신이 있다 혹은 없다는 명제는 과학적으로 증명할 수 있는 게 아니잖아요. 그야말로 마음의 눈으로 보거나, 성령을 통해서만 알 수 있을 뿐이죠. 반면에 개가 짖었다는 명제는 객관적으로 참과 거짓을 분명히 알 수 있습니다.

이처럼 과학적으로 참과 거짓을 증명할 수 있는 명제에 관심을 두었던 사람들이 비엔나 학파를 이루게 됩니다. 그들은 과학을 재구성하고자 했고, 실제로 20세기 과학철학은 이들로부터 이어져 내려오는 논의에서 비롯됩니다. '실증주의positivism'라는 게 이때의 키워드였죠. 과학이란 입증verify할 수 있는 명제들로 이루어져야 하고, 따라서 입증 가능성verifiability이 과학과 과학 아닌 것을 구분한다는 게 초기의 논리였습니다. 헤겔이나 칸트가 한 말은 이해하기도 어렵지만, 무엇보다도 입증할 수가 없잖아요. 칸트가 얘기한 물자체Ding-an-Sich나 헤겔이 얘기한 절대 이성, 이런 걸 직접 관찰하거나 실험실에서 증명할 길은 없으니까요. 반면 아주 간단한 명제라도 입증할 수 있는 걸 세워놓고, 그걸 바탕으로 다음 단계로 나아가자는 게 비엔나 학파의 주장이었습니다.

그중에서도 루돌프 카르납◆이 주목받게 되는데, 특히 그는 '흰 백조' 얘기로 유명해졌죠. 우리말로 백조는 이름 자체가 '흰 새'라는 의미를 가지고 있지만, 〈백조의 호수〉 할 때 그 백조는 영어로 swan이라고 씁니다. 여기에서 카르납이 던진 질문은, black swan, 즉 검은 백조가 존재할 수 없느냐는 겁니다. 물론 우리가 본 백조는 모두 하얀색이었으니까,

---

◆ Rudolf Carnap(1891~1970): 독일의 과학철학자로 논리실증주의의 대표적인 철학자이다.

검은 백조는 상상 속에서만 가능하겠죠. 그런데 "백조는 희다"는 이 간단한 명제가 과연 입증 가능한 것인지가 그의 물음입니다.

우리가 세상에 있는 모든 백조를 다 본 건 아니잖아요. 그러니까 "백조는 희다"는 명제는 아직 입증된 것이 아닌 임시적인 가설에 불과한 것 아니겠어요? 당장 내일이라도 검은 백조가 등장하면, "백조는 희다"는 명제는 기각되죠. 사실 경험적 데이터를 아무리 많이 쌓더라도, 그것 자체가 백조는 희다는 사실을 입증하는 건 아닙니다. 이 세상이 끝나는 마지막 날이라야, 아, 지나보니까 검은 백조는 없잖아, 그렇게 말할 수 있는 거죠. 사실 생물학에서 아직도 우리는 새로운 종을 찾아내잖아요. 우리가 전수全數 조사를 한 것도 아닌데, 당신은 어떻게 백조가 희다는 것을 입증할 수 있느냐? 이 질문이 학자들을 곤경에 빠뜨립니다.

## 과학이란 반증 가능성을 갖는 임시적 가설일 뿐

카르납이 이렇게 한바탕 휩쓸고 간 다음에, 칼 포퍼◆라는 철학자가 등장합니다. 우리한테는 마르크스주의를 아주 격렬하게 반대했던 우파 철학자 정도로만 알려져 있지만, 사실 실증주의 논쟁사에서 포퍼는 매우

---

◆ Karl Popper(1902~1994): 오스트리아 태생의 영국 과학철학자로 《탐구의 논리》, 《열린사회와 그 적들》 등의 저서를 남겼다.

중요한 사람입니다. 포퍼는 아인슈타인을 매우 좋아했을뿐더러 그의 이론에도 꽤나 감명을 받았던 모양이에요. 알다시피 아인슈타인은 실험을 통해서 이론을 개진했다기보다 이른바 '사고실험', 즉 계산을 토대로 이론을 만든 학자였죠. 그는 계산에 근거해 태양계에 행성이 하나 더 있을 것이라고 했습니다. 나중에 여러 사람의 노력으로 해왕성이 발견되죠. 이 사건이 포퍼한테는 무척 인상적이었던 것 같습니다.

여기서 포퍼는 반증 가능성falsifiability이라는 개념을 만들어냅니다. 과학은 스스로의 예측이 반증될 수 있는 것이라야 한다는 게 그의 주장입니다. 이제 과학은 입증을 통해서 자신의 제국을 세워나가는 절대 진리가 아니라, 아직 반증되지 않은 것일 뿐인 임시적인 가설로 그 위상이 바뀌어야 한다는 거죠.

포퍼의 이런 주장의 이면에는 지나치게 절대적인 위상을 차지하게 된 과학을 '임시적 가설'로 끌어내리려는 의도와 함께, 그가 아주 싫어했던 마르크스주의자들과 프로이트주의자들을 견제하려는 또 다른 의도도 있었습니다. 마르크스의 이론에서는 '이윤율의 경향적 저하 법칙'이 중요한데, 이때의 이윤율은 가치라는 변수라서 가격으로 바로 확인할 수 있는 게 아닙니다. 게다가 경향적으로 떨어진다니, 경험적으로 혹은 실증적으로 틀렸다는 반증을 할 수 없습니다. 아주 오랜 시간에 걸쳐 경향적으로만 이런 법칙이 존재한다는 거죠. 포퍼는 도대체 이런 게 어떻게 과학이 될 수 있는가, 반증 가능성에 따르면 과학이 될 수 없다고 주장합니다. 따라서 마르크스주의는 과학이 아니라 믿고 안 믿고의 문제이므로 오히려 종교에 가깝다는 것이죠.

마찬가지 관점에서 포퍼는 프로이트의 정신분석학도 강하게 비판합니다. 정신분석학이라는 게 무의식이라는 개념 위에 서 있는데, 무의식이라는 건 자신도 모르는 것인데 어떻게 외부에서 알 수 있으며 그걸 도대체 어떻게 검증하거나 반증할 수 있겠는가? 그러니 신학과 다를 바 없다는 거죠. 물론 포퍼를 비판하는 사람들은 그렇게 따지면 철학도 과학이 아니란 말인가, 포퍼 본인은 그렇다면 무슨 예측을 할 수 있느냐 등으로 비판하죠. 이후 토마스 쿤, 임레 라카토슈 그리고 파울 파이어아벤트 등의 과학자들이 등장해 아주 흥미진진한 20세기 과학 논쟁이 이어집니다. 쿤의 '패러다임'이나, 파이어아벤트의 '인식론적 무정부주의'까지 이어지게 되죠.

어쨌든 일련의 과학철학 논쟁을 통해서 학자들이 강조했던 것은 과학이 가진 예측 능력, 즉 미래를 보는 시각입니다. 예측이 가능하기 위해서는 미리 순수한 형태의 법칙을 설정해야 합니다. 그래야 그 법칙들을 통해서 미래를 예측할 수 있을 테니까요. 그래서 이런 접근을 '사전적 접근 *ex ante*'이라고 부릅니다. '설명'의 방식이라고 하는 거죠. 우리는 이미 법칙을 알고 있으니, 앞으로 어떤 일이 벌어질지 당신들에게 설명하겠다. 그러나 미래를 예측한다는 게 멋진 일이기는 하지만, 과연 이게 과학의 전부인가? 이런 질문을 제기할 수 있습니다. 예측은 과학이 가진 한 속성에 불과하지, 그게 과학의 전부는 아니니까요.

## '설명'의 세계에서
## '이해'의 세계로

예측하지 못하면 과학이 아닌가? 아니, 우리가 지나온 길만 잘 알아도 훌륭한 과학이 아니겠는가? 이런 질문들이 제기되기 시작합니다.

다윈 이후의 진화론을 과학이라고 부르는 데는 거의 이견이 없잖아요? 그런데 과연 우리가 진화의 미래를 예측할 수 있습니까? 예컨대 인간이 진화의 최종 결과물인지, 앞으로 어떤 새로운 종이 인간으로부터 나올 것인지는 누구도 답할 수가 없잖아요? 멸종에 대해서는 어느 정도 예측할 수 있지만, 새로운 종의 등장에 대해서는 너무 복잡해서 예측하기가 어렵습니다. 과거 서울 시내에서 흔히 볼 수 있었던 흰 나방들이 도시화와 함께 다 사라졌고, 이제는 검은 나방만 남았죠. 사람에 대해서도 이런 예측을 할 수 있을까요? 20세기 초에 등장한 우생학이 바로 그런 시도를 했다가 결국 파시즘의 한 축이 되고 말았잖아요. 이제는 인류의 우수한 종이 살아남아야 한다고 주장하는 과학자는 없죠.

20세기의 가장 대표적인 과학인 진화론은 예측을 하기도 어려울뿐더러, 그게 중요하다고 주장하지도 않습니다. 한때 인간과 원숭이가 같은 조상을 가졌던 적이 있겠지만, 그 후 인간은 인간대로 원숭이는 원숭이대로 진화해온 것이죠. 지금의 원숭이가 언젠가는 인간이 된다는 건 아니잖아요? 진화의 나무를 따라서 각자의 길을 가는 거지요. 우생학의 경우처럼 예측 중심의 과학이 낳은 부작용을 우리는 간과할 수 없습니다. 이는 모두 과거를 돌아보고 지나온 길의 의미를 이해하려 하기보다 미래를 설명해내는 데만 집착한 결과라고 할 수 있습니다.

뭔가 예측을 해야 하고, 또 그것만이 과학이라고 주장하는 1970년대의 한가운데에서 폴 리쾨르*라는 학자가 빌헬름 딜타이*라는 19세기 후반 학자의 해석학을 다시 들고 나옵니다. 딜타이의 해석학은 예측 중심의 과학과는 다른 접근 방식을 보여줍니다. 이러한 형태의 접근을 과학철학의 사전적 접근 ex ante과 비교하여 사후적 접근 ex post이라고 부르기도 하고, 회고적retrospective이라고 부르기도 합니다. 예측에 대한 강조를 '설명'이라고 불렀던 것에 비해서, 이 방식은 '이해'라고 부르죠. '해석학적 전통'이라고 불러도 유사한 의미를 갖습니다.

설명의 세계에서는 텍스트와 숫자가 중요합니다. 객관적 척도가 되기 어려운 질적인 특징보다 양적인 특징을 가진 숫자 형태로 예측하게 됩니다. 경제학에서 가장 쉽게 볼 수 있는 게, "내년도 성장률을 예측하라" 같은 것들이잖아요. 텍스트와 숫자가 중요한 '설명'의 세계에서 '이해'의 세계로 넘어오면 저자 혹은 행위자의 의도와 함께 맥락context이 중요해집니다. 텍스트에 뭐라고 쓰여 있느냐가 중요한 게 아니라, 저자가 무슨 의도로 그렇게 썼으며 어떤 맥락에서 그런 이야기가 나왔는지가 중요해지죠.

---

◆ Paul Ricoeur(1913~2005): 프랑스의 현상학자이자 해석학자로 상징과 텍스트를 통해 독창적인 의미론을 연구했다.
★ Wilhelm Dilthey(1833~1911): 독일의 철학자이자 해석학자로 슐라이어마허의 해석학 연구를 통해, 해석학의 방법론을 확립했다.

〈누가복음〉에는 "가난한 사람은 복이 있나니 하나님의 나라가 너희 것임이요"라고 쓰여 있습니다. 뜻이 아주 명확하고 누가 봐도 무슨 말인지 알 수 있죠. 그런데 같은 구절이 〈마태복음〉에서는 그 앞에 '마음이'란 말이 붙어서 "마음이 가난한 사람은 복이 있나니"로 바뀌거든요. 이렇게 되면 뜻이 달라지죠. 가난하다는 건 돈이 없다는 건데, '마음이 가난하다'는 것은 훨씬 복합적인 의미잖아요. 부유한 사람들도 얼마든지 마음이 가난할 수 있으니까요.

이건 간단한 문제가 아닙니다. 단어 하나 차이지만 뜻이 완전히 바뀌니까, 도대체 저자는 무슨 얘기를 하려 했는지에 대해 논쟁이 벌어질 수밖에 없죠. 교회가 부자들에게 돈을 받아내려고 그랬다는 주장에서부터, 그렇게 해야 부자들도 개종시킬 수 있지 않느냐는 현실론까지, 아주 지루하고도 긴 논쟁이 전개되었겠죠. 게다가 성경 자체가 과연 후대에 아무런 왜곡 없이 진짜 예수가 한 얘기 그대로를 담고 있는가에 대한 논쟁도 있었을 것이고 말예요. 그래서 성경의 역사가 바로 주석의 역사라고 말하는가 봅니다. 지금도 성경에 보면 수없이 많은 주석들이 달려 있죠. 이건 이렇게 봐라, 저건 저렇게 봐라. 그런 걸 열심히 뒤지던 학문이 바로 해석학의 출발이 된 주석학입니다. 각주에 관한 학문인 셈이죠. 도대체 원저자가 무슨 의도를 가지고 이 얘기를 한 건지, 그걸 알아내는 것 자체가 엄청난 학문 체계를 이룹니다.

우리의 경우는 공자를 어떻게 읽을 것이냐가 조선 시대 내내 아주 중요한 문제였잖아요. 그게 바로 주희의 성리학입니다. 주희가 평생 동안 몰두한 게 결국 공자를 어떻게 읽어야 하는가에 대한 연구였으니까요.

조선 시대에는 주희와 다르게 공자를 읽는다는 건 목숨이 열 개라도 살아남기 어려운 불온세력이 된다는 거였죠. 조선 후기에는 양명학陽明學이 등장하는데, 타협을 거부한 양명학파들은 체제 위협 세력처럼 간주되었습니다. 그만큼 주희의 주석이 성전처럼 받들어진 것입니다. 그것도 수백 년 동안이나 말이죠. 이처럼 당시의 학문이라는 건 주석, 즉 해석의 체계와 그를 둘러싼 논쟁이었습니다.

선불교를 정리한 6조 혜능이 과연 돈오점수頓悟漸修라고 이야기했는지 아니면 돈오돈수頓悟頓修라고 이야기했는지, 이것도 아주 오래된 선불교 논쟁이에요. 그런데 분명 《육조단경》이라는 책이 있는데도 불구하고, 텍스트를 조작한 것 아니냐며 도무지 믿지를 않았지요. 나중에 둔황 석굴에서 진본이 등장한 다음에야, 돈오돈수가 맞다는 걸 인정하게 됩니다. 이것 또한 이해와 해석의 문제였지요.

## 고장 난 시계와 맥락의 중요성

지금까지의 얘기를 정리해보겠습니다. 법칙을 설정해서 앞으로 어떤 일이 벌어질 것인지 설명하는 것과, 지금까지 어떠한 일이 벌어졌는지 그 맥락을 이해하는 것! 어느 쪽이 더 중요할까요?

사실 가장 정확한 시계는 고장 난 시계입니다. 5분 늦게 가는 시계는 단 한 번도 맞는 순간이 없지만, 고장 난 시계는 하루에 두 번은 정확하게 맞잖아요. 과학은 바로 이 고장 난 시계와 비슷할 수도 있습니다. 시계는 숫자로 이루어진 텍스트죠. 그렇지만 그 시계가 5분 늦게 간다는 것은 시계 바깥의 관계, 즉 시간을 둘러싼 일종의 콘텍스트를 통해 규정되는 거죠. 늦게 간다는 걸 알기만 하면, 5분 늦게 가는 시계를 가지고도 얼마든지 불편하지 않게 살 수 있습니다. 그러나 정확하게 맞는 시계를 원한다면, 하루에 딱 두 번 맞는 고장 난 시계가 필요할 수도 있겠죠.

예수가 한쪽 뺨을 맞으면 다른 쪽 뺨을 내주라고 말하잖아요. 이건 텍스트죠. 그런데 또 다른 텍스트는 신전에 들어가서 사람들에게 채찍질하는 예수를 보여줍니다. 기계적으로 해석하면 두 텍스트는 모순입니다. 그러나 이걸 단순한 모순으로 치부하지 않으려면, 결국은 발화자이자 행위자인 예수의 의도에 대해서 생각해봐야 하고, 무대와 장소 같은 맥락들이 중요해집니다. 뺨 얘기를 할 때는 사랑에 대해서, 신전에 갔을 때는 신의 권위가 갖는 신성성에 대해서 얘기하려는 것 아니겠어요? 이처럼 콘텍스트, 즉 맥락이라는 것이 해석을 풍부하게 해줍니다. 그리고 동시에 그 행위자의 의도가 중요한 의미를 갖게 되죠.

사실 설명과 해석이라는 두 축이 과학 안에서 완벽하게 분리되거나 대립하지는 않습니다. 설명과 이해, 두 가지는 대개 혼용되어 쓰이는데, 그동안 우리가 과학이 갖는 예측적 속성에 지나치게 매료되었을 뿐이죠. 구체적인 맥락 속에서 풍성하게 해석하는 작업이 한국의 사회과학에서는 더 중요하다고 생각합니다. 물론 설명과 이해 두 가지 다 필요하긴 하지만 지나온 길을 해석하는 과정이 한국에는 더 중요하다는 거죠. 우리는 식민지를 겪었고, 일본과는 분명히 다른 경험을 갖고 있잖아요. 유럽이나 미국과도 달라서, 그들에게 잘 맞는 이론이라고 우리에게도 잘 맞는다는 보장이 없죠. 무턱대고 외국 이론을 적용하려고 하면, 한국 사회가 갖는 특수성이 제대로 고려될 수가 없습니다. 더군다나 한국 사회의 미래를 설명하는 문제라면 제대로 된 예측이 가능하겠습니까.

제가 1990년에 처음으로 테제베TGV를 타봤는데, 한국에서는 한 번도 보지 못했던 지평선을 그때 처음 보았습니다. 게다가 그 땅이 모두 밀밭이었습니다. 풍족한 땅이었죠. 반면 시베리아를 가면 툰드라 지대의 얼음만 보입니다. 유배의 땅이었지만, 그곳에서 많은 문학작품이 탄생했고, 사상의 아방가르드들이 등장했죠. 비행기를 타고 한국 땅을 내려다보면 어떨까요? '밭떼기'가 보이죠. 우린 소농들의 나라였고, 그렇게 작게 쪼개진 땅 위에서 고유한 문화와 경제를 세우고 유지한 나라입니다. 그런 우리에게 지평선 너머로 펼쳐진 밀밭을 가진 나라를 설명하는 이론을 가져와봐야 잘 맞을 리가 없죠. 우리에게 적합한 이론은 더 구체적이고 더 정교하고, 우리에게만 해당되는 특수한 맥락을 고려한 이론이어야 합니다. 그래서 이해를 통한 접근 방식이 어쩌면 우리에게 더욱 필요할 수 있습니다.

오랫동안 자연과학자들은 자연과학은 과학이고 인문사회과학은 과학이 아닌 것처럼 생각해왔는데, 수학자이자 과학철학자였던 쿠르트 괴델◆은 정보량 때문에 오히려 사회과학이 훨씬 복잡하다고 말했습니다. 집합

---

◆ Kurt Gödel(1906~1978): 오스트리아의 수학자이자 철학자. 집합론에 대해서 연구하여 '불완전성 정리'를 발표함으로써 수학 및 논리학에 큰 영향을 끼쳤다.

론으로 설명해보면, 사회과학자들은 자연과학에 대한 지식도 어느 정도 알아야 하고 사회에 대해서도 알아야 하니까, 필요한 정보량 자체가 더 많다는 거죠. 두 개의 집합을 이루는 지식을 모두 섭렵해야 합니다. 여기에다 인간의 변덕스러움과 같은 독특한 본성까지 알아야 하니, 더 어려운 학문일 수 있죠.

괴델의 말을 응용해보면, 미국이나 독일 혹은 프랑스에 대해서 연구하는 것보다 한국에 대해서 연구하는 게 더 복잡하고 힘든 작업일 수 있습니다. 선진국 학자들은 자기 나라에 대해서만 잘 알면 되지만, 우리는 거기에 더해 우리 사회에 대해서도 알아야 합니다. 훨씬 더 복합적이고 많은 정보를 요구하지요.

자, 요즘은 이미지의 시대라고 합니다. 이제는 더 이상 텍스트의 시대가 아니라는 거죠. 이를테면 3D가 2D보다 강하다는 거겠죠. 당연히 이미지는 텍스트보다 강하다, 라고 판단이 되죠? 1979년에 영국 그룹 버글스가 발표한 〈Video killed the radio star〉라는 노래처럼, 이제 라디오 시대는 사라지고 TV와 비디오의 시대가 왔다고 말했던 때가 있었습니다. 텍스트는 아무도 보려 하지 않을 것이다, 라는 얘기가 지난 10년 동안 내내 있어왔습니다.

그러나 텍스트의 힘은 바로 콘텍스트의 힘에 있는 것 아닌가 하는 생각이 듭니다. 세계 챔피언을 두 번이나 차지했던 전 권투선수 홍수환 씨가 이런 얘기를 하더군요. 자신이 생각할 때 가장 인상적인 경기는 1977년 파나마에서 카라스키야를 3회 KO로 이긴 경기라는 겁니다. 이 경기에서 4전 5기라는 말이 나왔지요. 아마 한국 권투사에서 가장 극적인 경기로 기록될 겁니다. 그런데 사람들이 지금까지 홍수환 하면 가장 먼저 떠올리는 경기는 오히려 얼마 전 남아공 월드컵을 개최한 더반에서 했던 경기라는 거예요. 그때 "엄마 나 챔피언 먹었어"라는 말이 화제가 되었죠. 그런데 그 경기는 15회 판정승이었고, 파나마에서의 경기처럼 화끈하고도 박진감 넘치는 역전 KO승도 아니었습니다. 이 차이를 홍수환 선수는 이렇게 설명하더군요. "라디오 시대라서 많은 사람들의 마음속에 남은 것 같다."

사실 두 경기의 차이는 라디오와 TV의 차이인데, 요즘 같으면 도대체 어떻게 권투를 라디오 중계로 실감할 수 있겠냐 하겠지만, 그게 바로 텍스트의 힘입니다. 라디오를 들으면서 우리는 마음속에 자신만의 그림을 만들어내는데, 그게 바로 일종의 콘텍스트입니다. 눈으로 보는 이미지보다 마음속의 이미지는 몇 배나 더 강렬합니다. 홍수환 선수가 얘기한 것처럼 그때의 승리를 기억하는 사람들에게 그 강렬한 이미지는 좀처럼 지워지지 않지요. 라디오로 야구를 들으면, 던지고 때리고 도루하는 모습이 모두 머릿속에 그려집니다. 오히려 TV 중계를 보거나 야구장에 직접 가서 볼 때는 뭘 먹기도 하고, 친구들과 얘기도 하고, 딴 짓을 하지요.

그래서 저는 스스로 이미지와 소리를 형상화시키는 시가 여전히 힘이 있다고 생각하고, 텍스트만으로 우리가 살아가는 이 시대를 그려 보여주면서 이해할 수 있게 해주는 사회과학 책이 엄청난 힘을 가질 수 있다고 믿고 있습니다. 맥락, 즉 일종의 콘텍스트가 자신 안에서 형성되는 셈인데, 그렇게 맥락 안으로 청자나 독자들이 들어가게 하는 힘, 그게 바로 해석입니다. 눈앞에 직접 던져진 이미지는 강렬하고 순간적이지만, 콘텍스트는 스스로 만들어낸 만큼 지속됩니다. 그런 점에서는 스스로 판단하지 않는 아톰들로 구성된 물리학의 세계와 사회적 주체 한 명 한 명이 판단하고 해석하는 사회과학의 세계에는 오묘한 차이가 있는 것 같습니다.

## 개인과 구조, 설명과 이해

이제 5강과 6강을 종합해서 전체적인 그림을 그려보겠습니다.

두 축을 그리고 각각 개인-구조, 설명-이해로 놓으면 4개의 분면이 생겨나겠죠. 각각의 분면에 우리가 아는 이론들을 배열해봅시다. 1사분면에는 신고전학과 경제학이 있겠죠. 개인을 강조하고, 미래에 이렇게 되리라고 예측하는 설명이 이론의 기본 틀이죠. 4사분면에는 소쉬르와 뒤르켐 같은 사람이 해당되겠죠. 케인스도 여기에 해당될 테고요. 3사분면에는 소스타인 베블런 같은 구제도학파가 들어가겠죠. 베블런은 제도를 중점으로 두었지만, 그렇다고 무엇을 예측하려고 한 사람은 아닙니다.

반면에 개인들 사이의 약속에 의해서 제도가 등장하는 과정을 살피려고 했던 신제도학파나 협약주의자들은 2사분면에 해당합니다. 게임이론으로 제도의 기원을 설명하려 했던 사람들도 2사분면에 가깝다고 할 수 있겠죠. '국가의 역할'을 경제 발전이라는 틀에서 적극적으로 해석하려

〈그림 3〉 개인과 구조, 설명과 이해

고 하는 장하준 교수 같은 경우는 아무래도 2사분면과 3사분면의 경계에 있다고 봐야겠죠. 각 국가가 처한 제도적 상황이나 역사적 조건에 따라 경제 발전 과정이 다를 수 있다고 본다는 면에서, 장하준 교수는 국가와 개인이라는 두 가지 눈을 다 가지고 있는 것 같습니다.

그렇다면 마르크스는 어디에 해당할까요? 《자본론》의 마르크스는 개인들 사이의 교환으로부터 시작하는 애덤 스미스의 《국부론》 이후의 전형적인 설명 틀을 그대로 유지하고 있습니다. 노동가치 또한 《국부론》의 애덤 스미스는 물론 《정의론》을 쓴 존 스튜어트 밀도 이미 거론한 개념이었죠. 마르크스는 애덤 스미스 등 고전학파와 마찬가지로 소비자들이 상품을 구매하는 것에서부터 시작합니다. 개인과 설명, 이 두 가지 점에서 1사분면에 있다고 보는 것이 맞겠죠.

1970년대에 이 문제를 두고 프랑스에서 한창 논쟁이 된 적이 있었는데, 대체적으로《자본론》은 전통적인 정치경제학의 연장선에 있다고 봤습니다.《자본론》에는 계급 이야기가 거의 나오지 않습니다. 제1장 1절을 보면 상품을 교환하고, 그 상품의 교환을 기준으로 가치라는 게 존재하고, 그다음에 생산자가 있고 소비자가 있고, 이런 식으로 개인에 대한 분석에서 출발하는 전통적 방식을 그대로 유지합니다. 반면에 스탈린주의자들이 해석한 마르크시즘은 계급을 중심으로 역사의 법칙을 설정한다는 점에서 4사분면에 있다고 볼 수 있겠죠.

한국의 40~50대 특히 남성들은 어디에 속할까요? 전통적으로 본다면, 국가나 민족 같은 구조나 집체적 개념을 가지고 '설명', 즉 예측하는 방식에 익숙한 것 같습니다. 어차피 이러이러하게 될 거야, 라고 말하면서 이미 다 알고 있다는 식으로 생각하는데, 좋든 싫든 박정희의 국가주의의 그늘에서 자란 영향이 그대로 남아 있는 것 같아요. 반면에 지금 20대 남성들은 1사분면의 특징을 많이 보이는 것 같습니다. 개별적 접근, 개체적 접근에 훨씬 익숙하죠. 이런 흐름들은 꼭 이론에서만 보이는 게 아니라 계층별, 세대별 특징에서도 드러납니다.

그런가 하면 한국의 여성들은 '이해'라는 방식에 훨씬 더 친숙해 보입니다. 그래서 곧잘 남성들은 앞에 서서 연설을 하는 방식으로 얘기를 하고, 여성들은 상대방의 말을 듣고 거기에 자신의 말을 얹어나가는 '수다'의 방식을 사용하죠. 딜타이의 용어를 빌린다면 감정이입Einfühlung, 즉 공감empathy의 힘이라고나 할까요? 상대방의 입장에서 생각해보는 능력은 한국 여성들이 남성들보다 더 강한 것 같습니다.

저는 우리가 사는 시대가 연설의 시대에서 공감의 시대로 변화하고 있다는 느낌을 받습니다. 거대 담론이 역사를 화려하게 그려내는 남성들의 시대, 연설의 시대가 있었습니다. 그러나 지금은 작은 담론과 구체적인 맥락, 콘텍스트를 그려내는 게 중요해지는 시대인 만큼 여성들이 더 힘을 발휘할 것이라 생각을 합니다.

## 소통을 넘어 공감의 시대를 여는 사회과학

콘텍스트를 통해 상황을 이해할 수 있는 사례를 하나 들어보겠습니다. 1995년에 미국에서 《나 홀로 볼링 *Bowling Alone*》이라는 로버트 퍼트넘의 아주 재미있는 정치학 책이 출간되었습니다. 혼자 하면 정말 재미없는 스포츠의 대표적인 게 바로 볼링이라고 하더군요. 그런데 1990년대 중반 미국 사회에서 혼자 볼링을 하는 사람들이 등장하기 시작합니다. 혼자 볼링을 하는 사람들이 늘어나는 나라에서는 소위 시민사회라거나 공동체적 가치가 작동하기 어렵고 정치의 파편화가 심화됩니다.

우리만의 고유한 연례행사 중에 김장이 있습니다. 요즈음은 40~50대 여성들인 '엄마들'이 김장을 담그고, 20~30대 여성들은 좀처럼 김장을 담그지 않습니다. 왜 이런 일이 벌어질까요? 주로 남성들이 주축이 된 학자들은, 엄마 세대에 비해 젊은 여성 세대가 음식 솜씨가 없기 때문이라고 설명하는 경향이 있습니다. 이런 방식의 설명은 개인의 능력을 강조하는 것입니다. 남성들이 여성들에게 가사노동을 전적으로 부담시키려고 만든 이데올로기 장치 중 하나라고 할 수 있죠. 사실 김장은 조리법에 따라 누구든 충분히 담글 수 있을 정도로, 조리 과정이 그렇게 까다로운 것도 아닙니다. 그러니 "김장 맛은 엄마 손맛" 같은 말들은 다 남성들이 자기는 손가락 하나 까딱하지 않으려고 만든 구실에 가깝습니다. 절에서는 스님들이 담그고, 군대에서는 군인들이 다 하죠. 물론 노하우를 익혀야겠지만, 공정 자체만 놓고 보면 김장에서 중요한 건 역시 노동력 투입입니다.

그렇다면 이런 생각을 토대로 다시 한 번 김장을 이해해봅시다. 젊은 여성들이 김장을 담그지 못하는 데는, 음식 솜씨와 같은 개인 능력의 문제보다 공동체의 파괴 혹은 개별적 네트워크의 축소 같은 시대적 영향 탓이 더 크다고 할 수 있지 않을까요? 40~50대 여성들은 고된 일을 같이 나눌 수 있는 자신들만의 공동체가 있는 반면에, 20대 여성들은 그런 공동체가 없다는 게 김장을 도저히 담글 수 없도록 하는 맥락이겠죠. 아무리 솜씨가 좋아도 남편이 도와주지 않고, 손을 거들 수 있는 사람이 없으면 김장은 너무 고된 노동이 됩니다. 실력이나 솜씨와 같은 개별적 속성만으로는 결코 설명할 수 없죠. 따라서 남자들이 가사노동에 더 적극적으로 참여하고, 또 크고 작은 공동체가 더욱 많아지는 게 김장의 위기를 푸는 방법이겠죠. 공동체의 회복과 김장, 결국 같은 문제가 아닐까 싶네요.

한국의 사회과학은 이렇듯 2사분면이나 3사분에 있는 해석들, 즉 맥락을 드러내게 하는 작업들에 좀 더 많은 강조점을 두었으면 합니다. 소통의 시대를 뛰어넘어 공감의 시대에 어울릴 만한 사회과학은 더 작은 것들 그리고 스스로를 대변하지 못했던 존재들의 삶과 그들이 지고 있는 다양한 맥락을 드러내고 서로간의 이해를 높일 수 있는 방향으로 가야 할 것입니다.

여섯 번째 쪽글

## 나는 몇 개의 준거를 가지고 생각하는가?

7강의 주제는 환원론에 관한 것입니다. 환원론은 압축에 관한 것입니다. 학문은 어쨌든 압축을 해야 하고, 그렇게 압축된 것들의 속성을 가지고 재구성하는 것이라고 할 수 있습니다. 아프리카 어느 부족은 숫자를 다음과 같이 센답니다. 하나, 둘, 많다. 환원의 기본 요소에서, 3이 완전수라는 말에 공감이 가게 하는 이야기죠.

대개의 경우 하나를 생각합니다. 일원론이라고 하죠. 그런가 하면 두 개로 생각하는 경우도 있습니다. 이원론입니다. 변증법 등의 논리에서 나오는 제3의 요소는 앞의 두 개가 결합된 특수 형태라서, 결국 두 개로 설명하는 것입니다.

그렇다면 세 개로 생각하는 사람은? 각기 독립된 세 개의 요소를 머릿속에서 생각한다? 이런 사람은 아마 천재이거나 신일 것입니다. 저는 아직 이런 사람을 보지 못했습니다. 세 개부터는 삼원론 혹은 사원론이라고 부르지 않고, 다원론 혹은 다원주의라고 부릅니다. 하나, 둘, 많다…… 이 세계가 바로 과학의 세계입니다.

그렇다면 각자 평소 몇 개의 준거를 가지고 생각하는지 써보세요. 역시 검색해 봐야 도움이 되지 않습니다. 자신이 평소에 생각하는 방식, 그걸 곰곰이 따져보면 누구나 답할 수 있습니다. 자, 분투를 빕니다!

# SOCIAL SCIENCE FOR YOU & ME

# 7

## 환원주의와 다원론
### 쉬운 길과 어려운 길

혹시 자신이 환원주의나 근본주의의 함정에 빠진 것은 아닌지 스스로를 돌아볼 필요가 있습니다. 사회과학에서 절대적 진리라는 것은 존재하지 않습니다. 대상이 되는 사회 그 자체가 변하기 때문입니다.

7 • 환원주의와 다원론: 쉬운 길과 어려운 길

하나, 둘,
그리고 많다

일원론monism은 말 그대로 하나mono를 뜻합니다. 이원론dualism은 두 개duo고요. 그다음에는 삼원론이라는 게 있을 것 같지만, 그런 말은 쓰지 않고 그냥 다원론pluralism이라고 부릅니다. 하나, 둘, 그리고 많다. 이런 순서입니다. 그런데 불행히도 이 다원론이 사회과학에서 시대의 주도적인 흐름이었던 적은 없습니다. 대체적으로 우리는 일원론 아니면 이원론의 세계에 살고 있었던 거죠.

3은 완전수라고도 부릅니다. 그러나 세 가지를 동시에 생각하는 방식은 아직 없습니다. 다원론적인 설명은 그 자체로도 멋지고 우리가 도달하고자 하는 목표이지만, 실제로 엄청난 천재가 아니라면 3은 앞에 있던 하나 혹은 두 개 요소의 조합에 의해 만들어내게 됩니다. 일원론이 쉬운 길이라면 다원론은 어려운 길이겠죠.

가장 전통적인 일원론의 예로는, 중세 기독교 사회에서의 신God을 생각하면 됩니다. 종교적 일원론이라는 설명 틀 안에서는 인간이 존재하는 것도 지금처럼 살아가는 것도 다 신의 뜻이죠. 심지어 신과 다른 방향을 가고 있다는 악마도 사실은 신의 통치 안에 있는 것이고 말예요. 신의 또 다른 변형체가 사탄이라고 할 수 있습니다.

16~17세기 근대적인 의미의 학문이 등장하면서 인간이 신을 대체하는 개념이 됩니다. 그 인간의 특징으로 이성이나 의지 같은 것들이 제시되었습니다. 헤겔까지의 세계에서 역사라는 것은 이성이 발현된 결과물입니다. 그런 의미에서 19세기까지 서양에서는 일원론이 지배적이었다고 할 수 있습니다.

20세기가 되면서 인간의 정신만이 아니라 다른 요소들도 부각되기 시작합니다. 《지각의 현상학》을 쓴 메를로-퐁티 같은 경우는 마음이나 이성 같은 인간 내면의 세계만이 아니라 몸 그 자체도 매우 중요하다고 얘기합니다. 인간은 정신적인 측면만이 아니라 육체 그 자체로부터도 규정되는 존재라는 거죠. "건강한 신체에 건강한 정신이 깃든다" 같은 표현이 다분히 이원론적인 생각입니다. 정신과 몸은 두 개의 독립된 존재이므로, 몸 역시 정신만큼 중요하다는 생각입니다.

그 전에는 몸이 중요하다고 하면, 죄악에 빠진다거나 사탄의 생각이라며 금지했었죠. 영화 〈다빈치 코드〉에 보면 폴 베타니가 살인 기계인 사이러스 역으로 나오죠. 폴 베타니가 영화에서 채찍으로 자기 몸을 때립니다. 몸이란 바로 욕망이며 죄의 근원이라는 시기의 시선을 보여주는 거겠죠. 어쨌든 정신과 몸, 그 정도가 우리에게 있었던 두 가지 기준이었습니다.

대개의 경우는 한 가지 요소만으로 결정되는 일원론을 비판하고 이원론이나 다원론을 지향하려 합니다. 그러나 일원론은 아주 쉬운 길인 반면, 다원론을 선택하면 분석 방법이나 설명 수단이 아주 복잡해져 어려운 길을 걸어가게 됩니다.

앞서 네 번째 쪽글에서 자신의 행위 중 돈으로 설명 가능한 부분이 얼마나 되는가라고 물었을 때, 여러분은 아마 이런 딜레마에 처했을 겁니다. 내 행위는 돈으로 100% 설명할 수 있어, 막상 이렇게 대답하려고 하면 마음에 걸리죠? 그렇다고 그렇지 않은 부분을 설명할 다른 기준이 언뜻 떠오르는 것도 아니고 말이죠. 하나로 설명할 때는 그게 맞든 틀리든, 대답은 단순하고 설명력도 뛰어납니다. 이원론이나 다원론이 갖는 현실적 어려움이 바로 여기에 있습니다. 쉬운 길은 너무 쉬운데, 그것보다 좀 더 어렵거나 복잡하게 하면 몇 배로 어려워집니다. 그래서 많은 경우, 다시 쉬운 길로 돌아오게 됩니다.

일원론은 아주 강력한 환원주의를 띠게 됩니다. 한 가지 요소로 환원해서 설명해야 하기 때문이죠. 설명되지 않는 부분은 의미를 둘 필요가 없다고 보고 무시해버립니다. 간혹 목욕물 버린다고 그 안에 있는 아이까지 버려서는 안 된다며 지나친 환원주의를 경계하곤 하지만, 현실에서는 환원론이 정치적으로나 사회적으로나 아주 강력한 힘을 발휘합니다. 특히 한국에서는 더 그렇습니다. "한마디로……" 이건 정치인들이 아주 많이 쓰는 말이죠.

지난 10년 동안 우리는 돈이 신의 위치에 등극하는 과정을 똑똑히 보았습니다. 우리 사회가 모든 것을 돈으로 설명하는 사회가 되었잖아요. 이렇게 한 요소가 지나치게 강력해지는 것을 근본주의라고 부르는데, 우리의 경우는 경제 근본주의 혹은 경제 환원주의라고 부를 수 있겠네요. "부자 되세요"라고 서로 인사하면서, 우리는 돈이 최고가 된 시대를 살고 있습니다.

우리는 원래 다원론적인 전통이 강했습니다. 모든 사물에 다 신이 깃들어 있다는 토속 신앙이 주류를 이루고 있었습니다. 절에 가면 원래 불교에는 없던 호랑이 같은 것들도 산신이라고 해서 모시는 산신전이 있잖아요. 한국 불교의 특징이죠. 아무래도 기독교가 자리를 잡으면서 우리도 어느덧 일신교의 시대로 전환된 것 같습니다.

사실 다원론의 성향이 강한 곳은 애초에 종교적으로 다신교를 믿었던 곳들입니다. 예컨대 고대 그리스인도 여러 신들에 익숙했죠. 이런 사회는 자연스럽게 다원론적인 생각에 익숙해집니다. 로마 이후 기독교가 사회의 중심에 자리 잡으면서 세상은 일신론이 주도적인 것처럼 되었지만, 사실 인류 문명의 시작이라고 할 수 있는 곳들, 즉 고대 그리스 같은 곳에서는 여러 신들을 믿었죠. 신들이 많을 때는 주요 신만 백이 넘고 각종 신들을 다 합치면 만이 넘었다는데, 이런 신들의 이름과 의미들을 다 알아야 사회 지도층 인사가 될 수 있었습니다. 한 신이 각자의 영역을 갖고 있고 서로의 영역에 침범할 수 없었으니, 이런 것들을 복합적으로 생각한다는 것 자체가 다원론의 기반이 될 수 있었겠죠.

## 물질이 중요한가
## 마음이 중요한가

기본적으로 물질을 중심으로 설명하려는 것을 객관주의라고 부르고, 마음을 기준으로 설명하려는 것을 주관주의라고 부릅니다. 무엇인가 객관적인 법칙이 있거나 혹은 마음만으로는 어쩔 수 없는 물질의 세계가 있다는 게 객관주의라면, 마음먹기에 따라서 뭐든지 바꿀 수 있다는 생각이 주관주의죠.

환원론 내에서도 이 두 가지 생각이 충돌할 수 있습니다. 우리가 주류 경제학 혹은 신고전학파 경제학이라고 부르는 20세기 경제학은 이 중 어디에 해당할까요? 정답은 주관주의입니다. 매우 과학적인 것처럼 보이고 수학식과 통계를 잔뜩 늘어놓아서 보는 사람을 한 번에 질리게 만드는 경제학의 밑바탕에는 마음이 있습니다. '효용함수'라고 할 때, 이 효용이란 게 결국 마음 아닙니까? 그래서 주관주의라고 부릅니다.

객관주의를 대표하는 사람들은 애덤 스미스에서 마르크스까지의 시기에 활동했던 사람들입니다. 이 사람들은 가치value를 중요하게 여겨 노동가치라는 객관적 가치 위에 자신들의 이론을 세우려고 했죠. 이러한 객관적인 가치이론은 아리스토텔레스의 《니코마코스 윤리학》이라는 책에서 출발합니다. 요즘 한국 사회에서도 정의와 도덕에 대한 논의에 귀를 기울이기 시작했는데, 경제학 논의도 사실은 윤리 논의로부터 시작됩니다.

아리스토텔레스는 교환에서 정의 혹은 정당성에 대해 논하면서 도대체 '정당한 교환just exchange'이라는 게 무엇인지 묻습니다. 아리스토텔레스의 설명에 따르면, 교환이 이루어진 뒤에 교환을 취소하지 않는 것이 정당한 교환이라는 겁니다. 너무 비싸게 샀다, 속아서 샀다, 이런 생각이 나중에 든다면 그건 정당한 교환이 아니라는 거죠. 아주 단순한 기준입니다.

서로 거래를 하고 나서 교환된 것의 속성이 같을 때 우리는 손해 보지 않았다고 생각하게 되죠. 그걸 좀 멋지게 표현하면, '등가의 원칙'이라고 합니다. 같은 가치를 가진 것을 거래하는 게 바로 등가 거래인 셈이죠. 등가, 즉 같은 가치를 교환하는게 《니코마코스 윤리학》에서 지적하는 '정당한 교환'이라고 할 수 있습니다. 정당하지 않은 교환은 바로 취소하고 물리게 됩니다.

이 얘기가 바로 《자본론》 1장 1절에 나옵니다. 양팔 저울의 양쪽 무게가 같아야 한다면서 마르크스는 교환하는 모든 제품에 동일한 것은 바로 노동 시간, 즉 노동가치라고 말하며 《자본론》을 시작하죠. 물론 아리스토텔레스나 마르크스의 이 기준은 개인적인 거래에 해당하는 기준입니다. 자연적 재화나 국토 같은 것의 가치는 또 다른 얘기라서 사실 노동가치론만으로는 설명할 수 없습니다. 천재적인 작곡가의 음악 같은, '동일 노동'으로 상정하기 어려운 예술품도 매끄럽게 설명하기가 좀 어렵죠. 노동가치론으로 설명하기에는 공산품이 가장 적합합니다.

어쨌든 모든 상품의 가치는 근본적으로는 그 상품을 생산하는 과정에 투입된 노동 시간으로 측정할 수 있다는 생각은 전형적인 일원론이고 객관주의입니다. 시계를 가지고 물리적으로 그 제품의 가치를 측정할 수 있으니, 당연히 물리적 세계를 객관적인 기준으로 측정하는 이론인 셈입니다.

그리고 여기서 투입한 노동 시간, 즉 노동량과 임금 사이의 격차가 발생하게 되는데 이것이 바로 이윤이 됩니다. 거꾸로 얘기하면 바로 착취가 되겠죠. 노동이론이면서 동시에 착취이론이 되는 겁니다. 그리고 이는 "착취당했다"고 생각을 하든, 아니면 "나는 충분한 임금을 받았다"고 생각을 하든, 그런 주관적인 기준이 아니라 오로지 노동 시간이라는 객관적이며 물질적인 기준만으로 계산되는 세상에 관한 이야기입니다. 스스로 노동하지 않고 이자만으로 생활하는 사람이나 선조에게 물려받은 봉토로 생활하는 사람들의 경우는 착취된 노동 결과를 사회적으로 재분배하는 것이라고 설명하게 됩니다. 이런 시스템에서는 예술가들 역시 착취된 결과를 먹고사는 사람으로 설명되죠.

## 환원주의와 근본주의

마르크스의 이러한 객관적 가치이론이 한창 유행하던 시절, 이 생각에 반대하는 사람들이 등장합니다. 그들을 마지널리스트marginalist, 즉 한계효용학파라고 부릅니다. 물질적인 객관주의와 접근 방식이 전혀 다르기 때문에 주관주의라고도 하지요. 5강에서 한계효용을 극대화하는 행위를 하는 게 경제적 인간이라는 얘기를 한 적이 있었죠? 그때 그 효용함수라는 것 자체가 지극히 주관적인 것이었지요.

저는 헤비메탈이나 하드록을 아주 좋아합니다. 따라서 제게는 헤비메탈 그룹의 음반은 꽤 비싼 돈을 지불해서라도 사고 싶은 상품이지만, 어떤 사람에게는 소음에 지나지 않을 수도 있겠죠. 객관적인 기준이란 것은 없고, 다만 개인의 선호함수라는 아주 주관적인 판단에 기반을 두는 것입니다. 수요와 공급이 만나서 균형가격을 만든다고 하면 아주 객관적으로 보이지만, 사실은 그 수요를 형성하는 게 바로 이와 같은 개인적이고 주관적인 선호와 효용입니다.

경제학만 놓고 본다면 19세기 중반까지 객관주의가 유행했다가, 19세기 후반부터 마음에 기반을 둔 강력한 주관주의가 유행합니다. 그리고 20세기 내내 주관주의에 기반을 둔 경제학 이론이 표준 경제학 이론이 되죠. 측정할 수 없는 가치 대신 가격이라는 매우 객관적인 지표를 통해 경제학이 보다 학문적인 체계를 갖출 수 있게 되었다고 주장하지만, 가격 안에는 효용이라는 결코 객관적이지도 물질적이지도 않은 개념이 숨어 있습니다. 가치와 가격 사이의 논쟁, 그게 바로 객관주의와 주관주의 사이의 논쟁이었던 셈입니다. 그리고 그 주관주의가 21세기로 넘어와 한국에서는 가장 강력한 경제 근본주의를 형성하게 된 것이죠.

제가 공부를 처음 시작할 때 한계효용학파의 이 지독할 정도의 주관주의를 극복하고 싶었습니다. 그래서 선택했던 것은 생태학이었습니다. 즉 경제 시스템보다 더 큰 규모로 객관적이며 물질적인 제약이 작동하는 분야이니까요. 저는 생태학을 통해서 객관주의로 다시 돌아가고 싶었습니다. 지구는 마음에 따라 커지거나 작아지지 않잖아요. 단적으로 석유 에너지 같은 게 무한한 게 아니잖아요. 태양 에너지도 여러 가지 제약이 있어서 현실적으로는 무한대가 아니죠. 20세기는 무한 개발의 시대라고 할 수 있었겠지만, 자연이라는 새로운 제약 조건을 만나게 된 21세기에는 그렇게 할 수 없습니다. 저는 이걸 '희소성의 시대' 혹은 '자연의 시대'라고 부르는데, 이로써 주관주의 이후 다시 새로운 객관의 시대가 오게 된다고 보고 있습니다.

그런데 생태적 제약 조건을 집어넣고 경제를 다시 설명하는 작업이, 그렇게 만만한 일은 아닙니다. 일원론은 피했지만, 생태계라는 새로운 복잡계complex-system를 이해한다는 것도 보통 힘든 일이 아니더군요. 저는 객관주의의 길을 따라가고, 가능하면 일원론적인 환원론으로 빠져들지 않으려고 합니다만, 그 대신 이론이 갖는 단순명료함은 많이 포기해야 했습니다.

일원론이 극단적으로 전개되면 완고한 환원주의를 강조하는 근본주의로 바뀝니다. 결국 경제학의 역사는 어떻게 보면 환원론의 역사이기도 합니다. 물질로 환원하고자 하는 사람들을 유물론자materialist라고 불렀고, 마음으로 환원하고자 하는 사람들을 유심론자idealist라고 불렀습니다. 경제학사를 정리하자면, 물질로 모든 것을 설명하려는 일원론자들에서 마음으로 모든 것을 설명하려는 일원론자들로 주도권이 넘어간 것으로 볼 수 있습니다.

이처럼 마음으로 모든 것을 설명하고자 하는 환원주의가 있는 한편, 이들과 싸웠던 반대쪽 진영에 또 다른 환원주의가 있습니다. 바로 계급으로 모든 것을 설명하려는 환원주의입니다. 결국 마지막 순간에는 계급이 모든 것을 결정하게 된다는 주장이죠. 그렇게 설명이 된다면 상당히 편하기는 합니다. 하지만 말처럼 그렇게 간단하지 않습니다. 노동자도 전통적인 육체노동자와 지식노동을 더 많이 하는 화이트 칼라로 구분됩니다. 무엇보다도 한국에서는 노동자 계급의 역사가 짧고, 노동자들이 스스로 노동자임을 인식하고, 계급적 이해관계에 따라서 정치행동을 하는 '노동자 문화' 자체가 발달하지 못했습니다. 따라서 우리와는 상황이 전혀 다른 유럽의 이론들이 우리나라에서는 잘 맞지 않는 경향이 있습니다.

자, 이때 주류 경제학과 반대편에 있는 또 다른 계급론적 환원주의를 받아들일 것인가 아닌가, 여기에서 중요한 갈림길이 생겨나게 됩니다. 서구에서 신좌파와 구좌파가 분리된 것도 이론적으로는 이런 환원주의에 대해 어떤 입장을 취하는지 그 차이에서 비롯됐습니다. 노동자들의 왕국이 도래할 것이라고 믿었던 현실 사회주의가 붕괴하자 다른 대안을 찾으려는 시도들이 생겨납니다. 전통적인 계급론을 계속 유지할 것인가 아니면 새로운 접근 방식을 찾을 것인가를 놓고 치열한 논쟁이 벌어집니다. 이 과정에서 구좌파와 신좌파가 분화되고, 환원주의 혹은 근본주의를 둘러싼 논쟁이 수십 년째 이어지게 됩니다. 여기에 초기 자본주의에서는 크게 부각되지 않았던 젠더나 생태 같은 새로운 문제들까지 더해집니다.

생태 문제는 사회주의 국가에서도 딱히 해결책을 찾지 못했습니다. '국가 대개조' 같은 대규모 개발 사업은 사회주의 국가에서도 여전히 벌어졌으니까요. 지금 중국의 싼샤 댐에서 그 현장을 보고 있잖아요. 그밖에도 인권 문제나 '풀뿌리 민주주의', 즉 자치 문제 같은 것들이 있습니다. 물론 이들 각각은 언제나 일원론적인 환원주의의 위험에 노출되어 있습니다. 이를테면 페미니즘의 경우 모든 것을 여성 문제로 환원해서 설명하려고 하면 다시 근본주의가 됩니다.

생태의 경우에도, 온실가스 하나로 모든 문제를 설명하려는 일종의 온실가스 환원론이 있습니다. 이명박 정부의 '녹색성장' 개념도 일종의 온실가스 환원론 같은 것이라고 볼 수 있습니다. 이 논리를 끝까지 밀고 나가면, 일반적으로 생태 운동에서 반대하는 원자력도 온실가스를 줄이기 위해서는 적극적으로 도입해야 한다는 모순된 주장이 나오게 됩니다. 결국 다원적 접근을 시도했다가도 어느 순간 근본주의가 등장하게 되고, 하나의 목표로 모든 것을 환원하려는 경향이 생겨납니다.

모두들 자신은 종합적인 시각으로 사려 깊은 판단을 내린다고 하지만, 실제로 모든 요소를 동시에 고려할 수는 없습니다. 자신의 경험과 지식을 통해서 세상을 보게 되죠. 환원론은 복잡하지도 않고, 다루기도 편합니다. 그렇게 압축하게 되면 다루기는 편하지만 원파일의 생동감은 사라집니다. 왜 내가 관심을 두는 것을 중심으로 압축하지 않고, 네가 관심을 두는 것을 중심으로 압축했느냐는 식의 이데올로기 논쟁을 만들기도 하고요. 그렇다고 압축하지 않으면 파일 사이즈가 너무 커서 작업하기가 어려워지죠. 환원주의의 시각에 빠져서 새로운 정보를 추가하지 못하는 상황으로 스스로를 몰아가지 않도록 하는 것은 연구자의 영원한 숙제입니다.

유명한 학자 중에 이원론에 가장 가까운 생각을 가졌던 인물을 두 사람 정도 소개하겠습니다.

존 스튜어트 밀은 고전학파의 막내인데, 한국에서는 경제학자보다는 사회학자나 정치학자로 더 많이 알려져 있죠.《정치경제학 원론》에서 그는 10대 소녀들의 생산성이 성인 어른들과 비교할 때 조금밖에 차이가 나지 않는데, 왜 임금은 절반밖에 주지 않느냐는 문제를 다룬 적이 있습니다. 이 문제를 설명하기 위해 그는 생산과 분배라는 단어를 사용했죠. 경제에는 생산의 원칙이 있고, 분배의 원칙이 있다는 설명인데, 오늘날의 시각으로 보면 물리적 원칙과 사회적 원칙 같은 게 있다는 정도로 얘기할 수 있습니다.

19세기 영국에서는 소녀들을 방직공장의 좁은 칸막이 안에 몰아넣고 일을 시켰습니다. 성인 남자들은 비좁아서 도저히 들어갈 수 없어서 소녀들을 고용한 거죠. 왜 소년이 아니냐면, 그들은 나이를 먹으면 월급을 올려줘야 하거나 아니면 나가버리니까, 숙련도가 필요한 노동에는 투입할 수가 없었기 때문이죠. 밀은 그런 소녀들에게 제대로 된 월급을 주지 않는 것은, 바로 사람들이 나빠서라고 얘기했습니다.

그런데 그런 결론을 내기 위해서는 경제의 생산성과는 다른 원칙이 작동해야 하는데, 결국 분배의 원칙이라는 또 다른 원칙을 세울 수밖에 없었죠. 그래서 경제학에서는 거의 유일한 이원론자가 밀입니다. 그의 후대들은 신고전학파든 마르크스주의자든, 물리적 원칙으로 환원되는 경제 일원론의 세계로 돌아갔습니다.

밀의 생각에 따르면 생산의 원칙은 물리법칙대로 작동하지만, 현실에서는 분배의 원칙이 개입해서 임금이나 제도 등 다른 양상을 만들어내죠. 아마 요즘의 한국이나 일본의 비정규직 노동 문제나 스웨덴의 동일 노동 동일임금 원칙 같은 것을 밀이 보았다면 분명히 분배의 원칙을 언급했겠죠.

자신의 학문을 이원론에 기초하려 했던 시도는 밀 외에도 프로이트에서도 볼 수 있습니다. 《토템과 타부》라는 책을 경계로 전기와 후기 프로이트로 나뉘는데, 전기 프로이트는 꿈을 얘기하던 시절입니다. 이때는 무의식의 존재에 탐닉했던 의사 시절이었습니다.

후기 프로이트는 사회학자입니다. 왈라스의 후임자로 스위스 로잔 대학의 경제학과 학과장이었던 파레토와 경쟁하는 사이였습니다. 경제에 대해서도 '사랑의 노동' 등 상당히 많은 주제를 다루었고, 마르크스를 좋아하기는 했지만 마르크스 방식으로 사회주의를 만들어도 인류의 궁극적인 문제는 해결되지 않을 거라고 비판도 했습니다. 프로이트를 성적 욕망으로 모든 걸 설명하려 한 일원론자로 평가하는 경향이 있는데, 그것은 잘못된 생각입니다.

후기 프로이트는, 요즘 식으로 말하면 일종의 내재화된 윤리 정도쯤 되는 '초자아'라는 개념을 새롭게 추가하죠. 그래서 이드, 자아, 초자아라는 매우 중층적인 내부 구조를 만듭니다. 이 과정에서 '쾌락의 원칙'과 '현실의 원칙'이라는 두 가지 기준을 제시합니다. 그런데 이 현실이라는 게 자체적인 작동 메커니즘을 갖는 독자적인 장치입니다. '중층결정'이라는 아주 독특한 논리가 여기서 나오게 되죠. 일단 제도가 한 번 형성되면 경제적 효과와는 무관하게 제도 자체의 진화의 역사가 시작된다는 얘기의 원형을 저는 프로이트에서 발견했습니다.

제1차 세계대전을 겪으면서 많은 학자들이 자신의 견해를 새롭게 조정하면서 다시는 전쟁이 일어나서는 안 된다는 생각으로 이론 틀을 바꾼 경우가 많습니다. 프로이트가 그랬습니다. 프로이트의 '현실의 원칙'이라는 것은, 인간의 욕망으로만 이론을 디자인했다가 전쟁이라는 또 다른 차원의 비극을 경험한 노학자가 사회적 현상이나 변화를 자신의 이론 틀에 집어넣기 위해 마련한 것이 아닌가 하는 생각을 해봅니다.

이론적 효용성으로만 따지면 일원론이 이원론보다 뛰어납니다. 간단하고, 뭐든지 다 설명할 수 있으니까요. 문제는 일원론이 너무 강력한 환원주의에 의해서 이따금 근본주의의 양상을 보인다는 점이죠. 싸우면서 닮아간다는 말 있잖아요? 논쟁을 통해 서로 발전할 수 있어야 좋은 건데, 강력한 환원주의끼리 부딪히면 영원히 끝나지 않을 평행선을 나란히 달려가게 됩니다. 더 나쁜 것은 그 과정에서 양쪽이 더 완고한 일원론적 환원주의가 되는 것입니다.

어떤 사람과 이론적으로 격렬한 논쟁을 벌일 때, 혹시 자신이 환원주의나 근본주의의 함정에 빠진 것은 아닌지, 스스로를 돌아보라는 얘기를 하고 싶습니다. 사회과학의 세상에서 절대적 진리라는 것은 존재하지 않습니다. 대상이 되는 사회 그 자체가 변하기 때문입니다. '왜 말을 해도 못 알아들어?' 이런 상황이 반복되면, 상대방을 의심하거나 저주하기 전에 자신이 쥐고 있는 기준점이나 근거점에 문제가 생긴 건 아닌지, 그렇게 스스로를 돌아보기 바랍니다. 자신이 지나치게 압축하다 보니 너무 강력한 환원을 하고 있는 것일 수도 있으니까요.

일곱 번째 쪽글

### 세상에는 ~와 ~가 있다!

균질성과 비균질성은, 사회 이론에서 주체를 설정할 때 만나게 되는 질문입니다. 모든 행위자가 동일한 유형 혹은 동일한 패턴의 행위함수를 가지고 있다면, 이것은 균질한 모델입니다. 경제적 인간 가설이 대표적이죠. 소비자와 생산자가 똑같이 생긴 효용함수와 생산함수를 공유하는데, 하나는 효용이 목표치이고 다른 하나는 이윤이 목표치라는 점만 다를 뿐 근본적으로는 같은 함수 구조를 가지고 있습니다.

반면 마르크스의 모델은 다릅니다. 생산자는 착취자, 노동자는 피착취자라는 식으로 작동하는 방식이 기본적으로 다르죠. 경제환원주의라는 점에서는 일반 경제학 모델과 다를 게 없지만, 그 작동 방식이 전혀 다르므로, 비균질적 접근이라고 부를 수 있습니다.

지역감정 같은 사회 문제는 물론 사람에 대한 평가도 균질적으로 접근하느냐 비균질적으로 접근하느냐에 따라서 해법이 달라질 수 있습니다. 지역감정이니 차별이니 하는 것은 없는데 괜히 정치권에서 만들어낸 말이라고 보는 것은, 균질적 접근입니다. 그러나 경상도와 전라도는 신라 시대부터 시작해서 존재론적으로 다르다라고 보는 것은, 비균질적 접근이죠. 어느 것이 좋고 나쁘고의 문제는 아닙니다.

그러면 세상, 한국, 혹은 대학, 그 어떤 대상이라도 좋습니다. "~에는 ~와 ~가 있다"는 형식으로 하나의 문장을 제시하고, 그 의미를 설명해보세요. 요령! 영화 〈스윙걸스〉에 나오는 분류법이 있습니다. "이 세상에는 스윙을 하는 사람과 스윙을 하지 못하는 사람이 있다."

# 8

# 균질성과 비균질성
**주체의 속성**

사회과학 이론이라는 것이, 어떻게 보면 초보자들이 하는 스타크래프트와 비슷합니다. 저글링만 뽑거나 마린만 뽑아서는 게임에 이기기 어렵죠. 탱크도 뽑고, 골리앗도 뽑고, 베슬도 갖춰야겠지만, 초보자가 처음 자기 모델을 만들면서 너무 여러 유닛을 뽑으면 다루기 힘들어집니다. 사회를 분석할 때도 마찬가지입니다.

8 • 균질성과 비균질성: 주체의 속성

## 분석 대상에 어떤 속성을
## 부여할 것인가

　지금까지 우리는 사회에 대한 분석을 시작할 때 선택하게 되는 인식틀에 대해 이야기했습니다. 일단 선택이 이루어지면 이제부터는 사회에 대한 모델링을 하게 됩니다. 예측 모델이든 설명 모델이든, 자신의 사회 모델을 만들겠다고 생각했으면, 그렇게 만들어진 자신의 주체들에게 여러 가지 속성을 부여해야 합니다. 물론 그 속성에는 여러 종류가 있을 텐데, 그 속성들을 전부 같게 할 것인지 아니면 다르게 할 것인지, 그것도 골치 아픈 선택의 문제입니다.
　여기 박스가 하나 있습니다. 이걸 시스템이라고 해도 좋고 아니면 사회 혹은 분석 대상이 되는 그 무엇이라고 해도 좋습니다. 박스 안에 들어가는 내용을 시스템 이론에서는 컴퍼넌트component, 즉 구성 요소라고 부릅니다. 만약 이게 경제 시스템이라면 내용물은 경제적 주체, 사회 시스템이라면 사회적 주체가 되겠죠. 박스 안에 동그라미들만 넣고 분석을 시작할 것인지 아니면 세모도 넣고 별표까지 넣을 것인지 선택할 수 있습니다. 당연한 얘기지만, 한 가지만 담기면 모델은 단순해질 것이고, 여러 가지를 넣으면 복잡해지겠죠.

사회과학 이론이라는 것이, 어떻게 보면 초보자들이 하는 스타크래프트와 비슷합니다. 저글링만 뽑거나 마린만 뽑아서는 게임에 이기기 어렵죠. 탱크도 뽑고, 골리앗도 뽑고, 베슬도 갖춰야겠지만, 초보자가 처음 자기 모델을 만들면서 너무 여러 유닛을 뽑으면 다루기 힘들어집니다. 사회를 분석할 때도 마찬가지입니다. 세상은 아주 복잡하지만 그렇다고 쓸 수 있는 관찰값을 무한정 늘리기는 어렵습니다. 온갖 종류의 주체들을 다 설정했다가는 나중에 감당할 수 없게 되죠. 그래서 결국은 한두 종류 이상을 넣을 수가 없게 됩니다. 균질하다면 한 종류이고, 비균질 혹은 이질적이라면 두 종류 정도가 되겠죠. 그리고 균질적 모델을 선택할 것인가, 비균질적 모델을 선택할 것인가에는 이데올로기의 문제도 개입됩니다. 자, 살펴볼까요?

지금 사회과학을 지배하는 경제학은 균질적 모델의 대표적인 경우라고 할 수 있습니다. 경제학 모델 안에는 생산자와 소비자라는 두 종류의 주체가 있는데, 사실상 '교환자'라는 점에서는 같습니다. 생산자는 생산함수에 따라 행동하고, 소비자는 효용함수에 따라 행동하죠. 그런데 이 두 가지 함수의 본질은 같습니다. 5강에서 얘기했던 왈라스의 모델, 즉 일반균형모델에서는 모든 사람이 교환자로 나타납니다. 시장에서 판매를 하는 기업이나 구매를 하는 소비자나, 기본적으로는 다 같은 존재들이죠. 사실 모두가 잠재적으로 사장이라고 설정되는 셈입니다. 자신이 물건을 만들어 와서 팔고, 그 소득으로 자신이 필요한 상품을 사가는 거니까요. 그러니까 생산자와 소비자가 왈라스의 일반균형에서는 차이가 없습니다. 모든 사람이 생산자인 동시에 소비자니까요.

일해서 월급 받고 소비활동을 하는 평범한 소비자들을 이 모델에서는 자신의 노동력과 다른 사람의 노동력을 교환했다고 설명합니다. 노동력 외에도 팔 물건이 있는 사람들은 마르크스의 용어대로 하면 부르주아인데요, 그들은 돈을 빌려주고 이자로 자산 소득을 발생시키고, 땅으로 '지대'라고 부르는 임대 소득을 얻습니다. 그러나 실제로 우리 같은 평범한 사람은 시장에 내다팔 거라고는 자신의 노동력밖에 없습니다. 이론적 한계가 있지요.

## '국민'과 '시민'의 차이

균질적 모델의 또 다른 사례로 보수언론 모델을 들 수 있겠습니다. 보수언론은 흔히 주체들이 갖는 차이를 '국민'이라는 개념을 통해 사상해버리죠. 그 사람이 생산자든 소비자든 가난하든 부유하든, 국가라는 프리즘을 통해 국민이라는 이름으로 통일시켜버립니다. "우리 모두는 국민"이라는 보수언론식 주체가 생겨나면, 이를 기반으로 국가를 수호해야 할 국민의 의무가 자연스럽게 도출됩니다. 그리고 바로 그 순간에 국민으로서 지켜야 할 도덕, 규율, 법치 같은 것들이 자리할 공간이 생기죠. 국가가 특별히 해주는 것도 없으면서, 국민이라고 규정하며 이거 해라 저거 해라, 많은 것을 요구하게 되는 겁니다.

일단 "우리는 모두 국민"이라는 균질화된 정의를 받아들이면 우리는 마찬가지로 균질화된 이른바 '국론'의 생산자가 되고, '국론 분열'을 초래하는 행위는 단죄해야 마땅하다는 논리 또한 자연스럽게 받아들이게 됩니다. 국민 모두가 한 가지 의견을 갖게 되면 마치 국내총생산GDP이 증가하는 효과가 생기는 것처럼 포장하는 게 바로 이 '국론 통일'이라는 개념이죠.

우리가 무슨 매스게임을 하는 것도 아닌데, 올림픽 매스게임에 참가하는 고등학생 같은 지위를 갖게 되는 겁니다. 개개인이 갖고 있는 많은 차이들이 국민이라는 단어 하나로 전부 사상되는 것이죠. 이렇듯 국민이라는 게 별것 아닌 것 같은데도, "우리는 국민이라는 공통점을 가지고 있다"라는 명제를 받아들이는 순간, 많은 것들이 함께 결정되는 겁니다.

월드컵이 치러질 때마다 우리는 국민이라는 격에 푹 빠져들죠. 20세기 후반부터 국제 스포츠에서 '스포츠 쇼비니즘'이라는 게 더욱 강화되었습니다. 냉전 시대에는 올림픽이 적성국가들이 공개적으로 만날 수 있는 거의 유일한 창구라서 사람들이 지지했었는데, 냉전이 끝나니 이제 국가주의 마케팅만 남은 거죠. 국민이라는 격은, 다른 호명 장치들과 같이 사용되어야 견제도 되고 완화도 됩니다. 시민, 자유민과 같은 개념들이 그래서 필요한 겁니다.

각각의 주체를 '시민'이라고 규정하면 상황은 전혀 달라집니다. 국가나 사회에 대해서 뭔가 요구할 수 있는 권리가 생기니까요. 누려야 할 권리는 거의 없고 의무만 산더미 같은 보수언론식 주체인 국민과는 사뭇 다릅니다. 만약 우리가 국민이라면, 사실 지금의 강좌도 국민의례부터 먼저 하고 시작해야죠. 그러나 우리가 시민이라면 그럴 필요는 없죠. 국가에 의해서 규정되는 존재가 아니라 인간으로서의 보편적 권리를 갖는 시민이니까요. 어쨌든 시민은 태극기에 의해서 규정되는 게 아니잖아요?

국민이라는 것을 받아들이면서도 보수언론식 국민과는 조금 다른 방식의 이론적 전개도 가능하기는 합니다. 그래, 우리 국민 맞다. 그러나 그 안에는 차이가 있다. 이렇게 주장할 수 있죠. 홍세화 선생 등이 《왜 80이 20에게 지배당하는가?》라는 책을 쓸 때는 국민을 지배자와 피지배자로 구분했는데, 이런 것이 대표적인 비균질적 접근입니다. 강준만 선생이 《지방은 식민지다》라는 책을 낼 때, '내부 식민지'라는 개념을 사용했죠. 같은 국민이지만, 지배자에 해당하는 서울, 그리고 내부 식민지로 작동하는 지방, 이런 접근도 비균질적 접근입니다. '강남주의' 혹은 '강남 TK', '대치동 권력' 같은 개념들도 주체들 사이의 비균질적 속성을 전제하고 출발하는 접근이죠.

## 대학생은
## 소비자인가? 지식인인가?

1970~80년대에는 대학생이 지식인으로 불렸습니다. 그만큼 당시에는 고등교육을 받은 사람의 수가 적었던 거죠. 그래서 대학생을 지칭할 때 '100만 학도'라는 표현을 썼고, '지식인'이라고 불렸습니다. 하지만 요즘은 그렇게 생각하는 사람은 거의 없잖아요. 대학 진학률이 84%가 넘는 나라에서 '대학생=지식인'이라는 정식은 더 이상 성립하기 어렵죠. 이제는 대학생을 지식인의 행위 패턴에 맞춰서 분석하기가 어려워졌습니다. 그래서 지식인 대신 '소비자'의 행위 패턴을 통해서 대학생을 분석하기 시작했습니다.

화장품의 소비 패턴으로 따져보면, 한국의 여성들은 13세부터 기초화장품을 소비하다가, 평균적으로 18세가 되면 색조화장을 시작하고, 20세가 넘으면 나름대로 화장 기법을 터득하게 되죠. 이런 식으로 대학생을 소비자로 보게 되면서, 스타벅스나 커피빈 등의 상업시설이 대학 주변 지역은 물론이고 학내에까지 입주하는 현상 등이 중요한 분석 주제로 등장하게 됩니다.

대학생을 구매력을 갖춘 소비자로 보면서 그들의 소비 패턴과 소비자로서의 조직화 등으로 자연스럽게 논의가 진행되는 거죠. 지난 수년 동안 우리는 대학생을 그렇게 분석했습니다. 학교별로 전공별로 차이가 많을 수밖에 없는데도, 그런 차이보다는 소비자로서의 공통점을 강조하면서 균질적 접근을 했던 셈이죠. 구성원들에게 특별한 기능이 있는 집단이 아니니까 결국은 명문대냐 아니냐, 서울에 있냐 지방에 있냐, 이러한 현실적 구분들만 했죠.

그러다가 '김예슬 선언'◆이 나오면서 그 전까지는 소비자로만 간주되던 대학생들을 다시 보게 된 겁니다. '사유하는 주체' 혹은 '행동하는 주체'로서의 대학생이 적어도 한 명은 생겼기 때문에, 대학생을 모델링할 때 주체의 성격을 달리할 필요가 생긴 거죠. 그래봐야 한 명이라고 무시할 수도 있지만, 이런 경우를 우리는 '바퀴벌레 모델'이라고 부릅니다. 바퀴벌레 한 마리가 보이면 집 안에는 이미 수만 마리가 숨어 있다는 거 잖아요?

김예슬이라는 한 명의 대학생의 존재는 '소비자'로서의 요소만 가지고 있는 듯한 대학생 가운데 다른 방식으로 고민하는 비균질적 요소가 등장했다는 것을 알려주는 신호인 셈이죠. 그 수치가 통계적으로 유의미한지에 대해서는 훨씬 더 세밀한 관찰이 필요하겠지만, 최소한 소비자로 단순하게 환산할 수 없는 또 다른 이질적 존재가 그 안에 존재한다는 메시지를 김예슬 선언이 충분히 보여준 셈입니다.

어떻게 보면 비균질적 모델은 보편주의를 거부하는 셈입니다. 우리는 다 같은 존재라고 주장하는 보편주의에 대해, 아니 그렇지 않아, 너와 나는 경제적이든 사회적이든 아니면 문화적이든 다른 존재야, 라고 말

---

◆ 2010년 3월 당시 고려대학교 학생이던 김예슬이 한국 대학교의 현황에 대해 비판하면서 학교를 자퇴하겠다는 내용의 대자보를 게시한 것. 당시 언론 및 온라인 커뮤니티에서 큰 반향을 불러일으켰다. 김예슬, 《김예슬 선언: 오늘 나는 대학을 그만둔다, 아니 거부한다》, 느린걸음, 2010.

하는 겁니다. 보수언론을 접하면 우리는 모두 국민이 됩니다. TV를 켜는 순간 우리는 시청자가 되고, 라디오를 켜면 청취자가 됩니다. 표를 사고 극장에 들어가는 순간 우리는 관객이 됩니다. 아, 물론 불법 다운로드를 받는 순간에는 "당신은 범죄자입니다"가 되겠죠. 같은 것을 볼 것이냐 아니면 다른 것을 드러내서 그 차이점에 집중할 것이냐, 하는 문제는 처음 모델링할 때 주체의 성격을 균질적으로 설정할 것이냐 아니면 비균질적으로 설정할 것이냐를 결정하는 것과 같은 철학적 문제이기도 합니다.

## 균질적인 모델과 비균질적인 모델

균질적 모델의 대표적인 것이 신고전학파의 경제학적 모델이라면, 비균질적 모델을 대표할 만한 것은 아마도 마르크스 모델일 것입니다. 스탈린주의식 계급주의로 보든, 아니면 《자본론》의 표준 정식을 통해서 보든, 자본주의 사회에는 한쪽에는 자본가가 있고 또 다른 쪽에는 노동자가 있다는 사실은 공통적입니다. 이 두 집단은 완전히 이질적이어서, 아무리 친하게 지낸다고 하더라도 두 집단 사이에는 넘을 수 없는 간극이 존재합니다.

물론 두 집단은 서로 사랑도 할 수 있고, 결혼도 할 수 있지만, 그게 자본과 노동의 갈등을 해소해주지는 않습니다. 우리의 경우는 '국민'이라는 이름으로, 당신이 사장이든 아니면 노동자든, 북한이라는 공동의 적 앞에서는 하나여야 한다는, 이른바 레드 콤플렉스를 통해 갈등을 봉합하려는 시도까지 더해져 더 복잡한 양상을 띱니다. 그런다고 두 집단 사이의 간극이 사라지는 것은 아닙니다.

현실적으로도 한국의 대기업들은 이미 다국적 기업이 된 지 오래여서, 단순히 국민이라는 균질화된 개념만으로 대기업 집단의 행태를 설명하기가 매우 어려워졌습니다. 국가는 대기업들을 통제하기는커녕 그들이 혹시 외국으로 가버릴까 봐 법인세도 대폭 낮추어줘야 하는 실정입니다. 반면에 국민에게 부과되는 의무는 줄어든 게 별로 없습니다. 노동자들이나 노동자 축에도 못 끼는 비정규직 입장에서는 상황이 더욱 힘들어졌습니다. 이처럼 마르크스 모델은 단순하지만, 비균질성 모델 중 가장 대표적인 것이고 가장 성공한 모델이기도 합니다.

기술적으로 따지자면, 매우 안정적인 시스템을 설명할 때는 균질적인 모델이 강하고, 시스템 안에 근본적인 갈등이나 모순이 있으면 비균질적인 모델이 설명력이 높아집니다. 우리와 여러 가지로 비슷한 점이 많아서 종종 분석을 시도하는 스위스 같은 경우, 내부 사정이 아주 정신없이 복잡합니다. 인구는 천만 명이 조금 안 되는데, 우리보다 몇 배는 복잡해요. 이럴 때는 비균질 모델을 사용하지 않으면 정말 이상한 결론이 나오게 되는 위험이 있습니다.

일단 공식 언어가 네 개나 됩니다. 북쪽의 베른이나 취리히에서는 독일어를 쓰고, 서쪽의 로잔 쪽에선 프랑스어를 쓰고, 남쪽에서는 이탈리아어를 씁니다. 그리고 일부에서는 전통 언어인 로망슈Romansh어도 씁니다. 여기에 현실적으로 영어도 사용하게 됩니다. 다시 말하면, 취리히 역에서 표 파는 역무원은 다섯 개 언어를 기본 수준에서 할 줄 알아야 하는 거예요.

돈은 독일어권이 제일 잘 법니다. 행정수도는 베른인데, 경제수도는 사실상 취리히에요. 지역 소득으로 보면 7만 달러가 넘습니다. 프랑스어권은 로잔과 제네바가 주요 도시인데, 여기는 외교가 강합니다. WTO 본부를 비롯해서 국제기구가 가장 많이 몰린 지역이고요. 오드리 햅번이 자기 아이들과 평온하게 살기 위해서 전 세계를 찾다가 결국 정착한 곳이 제네바입니다. 서양에서 은퇴해서 노년을 보내고 싶은 도시 1위입니다. 이탈리아권은 상대적으로 가난하긴 한데, 농업을 수호하는 곳이라서 이곳 농민들에게 연방 보조금이 꽤 지원됩니다.

정치적 정서도 달라요. 프랑스어권은 좌파 성향이 강한데, 취리히 쪽은 극우파 성향이 강합니다. 취리히의 엔지니어들과 중산층, 티시네티의 농민당이 합쳐져서 스위스의 극우파당이 되었는데, 지금은 규모로만 보면 제 1당입니다. 언어도 안 통하고 민족도 다 다른데 하나의 나라로 움직이는 스위스를 보면서, 우리의 지역감정은 아무것도 아니라는 생각을 처음 했습니다. 지역감정? 이런 나라에 비하면 정말 아무것도 아니지요.

모델을 만들 때, 균질한 모델로 할 것인지 비균질한 모델로 할 것인지는, 순전히 분석가의 선택의 문제입니다. 그러나 그 선택이 결론에도 많은 영향을 미치게 되고, 분석 도구를 정하는 데도 결정적인 역할을 합니다. 요소를 늘릴수록 설명력도 높아지고 사실성도 커지는데, 그 대신 설득력 혹은 전달력은 떨어집니다. 복잡하게 말하면 아무래도 사람들에게 전달하기가 쉽지 않으니까요. 우리나라에서 비균질적 접근 방식을 선호하는 대표적인 분은 아마도 강준만 선생일 겁니다. 언제나 논란이 되고 있는 서울대와 비서울대 문제, 수도권과 비수도권의 문제 등도 비균질적 구분인 셈이죠.

경제학은 기본적으로 균질적 모델을 쓰는데, 비균질적 모델이 아주 없는 건 아닙니다. 유럽연합이 유로화로 화폐를 통합할 때 미셸 아글리에타M. Aglietta 교수가 제시한 '화폐적 접근'이 상당한 영향을 미쳤는데, 그게 바로 비균질적 접근의 대표적인 경우입니다. 경제학에서 아직도 제대로 설명하지 못하는 것 중에 하나가 경기변동의 원인입니다. 콘드라티예프Nicolai Kondratiev라는 경제학자가 장기 파동을 예측하기도 했지만, 실제로 보면 장기 파동도 있고 단기 파동도 있습니다.

1945년 제2차 세계대전이 끝나고 나서 석유파동이 올 때까지 30년 동안 세계적으로 경기는 호황을 누렸죠. 그 뒤 30년은 대처와 레이건이 등장하고 신자유주의자들이 주도권을 잡으면서 침체 일로를 걸었고요. 30년이 되는 뒤인 2010년 즈음해서 뭔지는 모르지만 전환점이 생길 거라고 모두들 입을 모았습니다. 그런데 2008년 리먼 브러더스가 파산하면서 세계 금융위기가 온 겁니다.

신자유주의는 이제 정점을 지나쳤고 세계적으로 규제와 복지가 다시 주목받고 있는 추세입니다. 자본의 국경 이동에 세금을 물려야 한다는 토빈세는 10년 전에는 씨도 안 먹히는 분위기였는데, 2011년 G20 때는 유럽연합 차원에서 공식적으로 건의를 할 계획이라는군요. 한국도 유사한 흐름에서 은행세를 도입하는 것을 한국은행에서 한참 논의하는 중입니다. 어떻게 보면, 규제를 없애고 시장을 전면화하자는 1990년대의 '워싱턴 컨세서스'와는 전혀 다른 새로운 흐름이 지금 생겨나는 중인 거지요. 앞으로 30년 동안 무슨 일이 벌어질지는 현재로서는 아무도 모릅니다.

어쨌든 주기적으로 뭔가 생긴다는 것은 알겠는데, 그 이유를 설명하기가 쉽지 않습니다. 음모론도 가끔 등장하지만, 그것으로 설명하기에는 규모가 너무 큰 변화입니다. 2008년의 세계 금융위기도 그 자체만 설명하는 것은 어렵지 않지만, 그 전의 경기변동까지 한데 묶어서 설명하려면 상당히 복잡해지죠.

화폐적 접근은 바로 이런 주기적인 경기변동을 설명하기 위해 나온 겁니다. 발권력을 가진 이른바 '중앙은행'들이 주기적인 경기변동의 주범일 수 있다는 거죠. 시장의 불균형이 초래되면 그 불균형을 시정하기 위해서 중앙은행이 돈을 찍어내거나 기준금리를 올리거나 아니면 은행들의 지불준비율을 조절합니다. 그런데 그 시기를 정확하게 맞추기가 쉽지 않아 과잉 조정이 생기고, 다시 조정하는 과정에서 새로운 불균형이 생겨난다는 논리입니다.

그래서 기존의 경제 모델에 스스로 판단하고 행위하는 중앙은행을 추가하는 게 화폐적 접근에서 사용하는 비균질적 모델입니다. 중앙은행이 화폐적 여건을 조성하면, 나머지 경제 주체들은 거기에 적응하는, 일종의 팔로워가 되는 거죠. 조절학파의 화폐 이론이 이런 내용을 담고 있는데, 미국 연방은행을 따라가지 않으려면 유럽도 자체적인 중앙은행을 만들어야 한다는 논의의 토대가 되었죠.

## 사회과학의 대상은 바로 우리 자신

좌우라는 시각으로 분석을 하면, 한국 사회를 어느 정도 설명할 수 있을까요? 설문 조사에서, 일반적으로 "당신은 좌파입니까?"라고 물어보면 3% 정도가 그렇다고 대답을 한다는군요. 구체적인 메커니즘은 좀 더 복잡하겠지만, 지난 지방선거에서 진보신당 득표율이 정확히 3%였습니다. 좌파 대신 '진보'라고 물으면 30%의 국민들이 자신은 진보라고 대답을 합니다. 반면에 보수라고 대답하는 사람도 30% 정도이니, 진보와 보수는 어느 정도 균형을 갖춘 현실적 개념이 됩니다.

그러고 나면 40%가 중도라고 하는데, 일본식으로 표현하면 무당파가 40%인 나라가 한국인 셈이죠. 이 40%가 어떤 선택을 할 것인가가 사회과학의 눈으로 본 한국 정치라고 할 수 있습니다. 이들이 노무현을 선택했고, 그리고 다시 이명박을 선택한 겁니다. 지난 대선 때 손학규 등 많은 사람들이 '중도'를 주장해서 '역동적 중도' 같은 개념들도 나왔지만, 사실 한국에서는 누구도 중도라고 할 수는 없습니다. 말 그대로의 정치적 중도 혹은 중립의 의미가 아니라 무당파라고 보는 게 더 정확합니다. 그래서 우리 정치는 바람을 타는 거고, 흐름이라고 말하는 거죠.

한나라당이 스스로 '명품 정당'이라고 주장하지만, 막상 분석을 해보면 실제 정당원이 그렇게 많지 않습니다. 유럽식 정당 정치보다는 이권에 따른 페이퍼 당원들이 많습니다. 그래서 한나라당도 사실은 지지기반이 그렇게 강력해 보이진 않습니다. 이런 특수한 이유들로 우리의 경우

정당별 분석이 생각만큼 알찬 연구 결과를 주지 못합니다. 최장집 선생의 경우는 《민주화 이후의 민주주의》라는 책을 통해 대의제 민주주의의 정착을 강조한 적이 있죠. 그래서 정당을 통한 정상적인 정치가 이루어져야 한다고 주장했는데, 저는 가끔 정당 정치가 제대로 자리를 잡지 못한 게 반드시 후진적인가, 현 상황에서 직접 민주주의의 요소를 더 높이는 스위스형은 불가능한가, 그런 질문을 해봅니다.

제가 한국 국민 정치 성향 분석을 해본 바로는 '극우 – 중도 우 – 중도 좌 – 좌파' 정도로 분류하면 어느 정도 얘기가 되었습니다. 극우는 있는데 유럽식 극좌파는 없는 것 같아요. 한국에서 좌파면 유럽 기준으로 중도 좌파입니다. 사민주의보다도 더 부드러운 사람들이죠. 특기사항은 한국에서 좌파나 중도 좌파에 속하는 사람들이, 페미니즘이나 젠더 문제 앞에선 갑자기 극우파로 변하는 사람들도 많아요. 밖에서는 열렬하게 민주주의를 외치다가 집에 오면 "밥 내놔" 이러는 거죠. 생태 문제에서도 이런 게 드러납니다. 농민 운동가들과 모임을 가진 적이 있었는데, 식사할 때 되니까 남자들만 방에서 밥을 먹고, 여성 활동가들은 마루에 나가서 따로 먹더라구요. 그런 일을 보면서 충격받은 적이 있습니다. 기준이 바뀌면 갑자기 극우파 같아지는 거지요.

제가 우리 사회의 모델로 스위스가 될 수 있다고 생각한 이유가 있습니다. 스위스가 엄청나게 민주주의적이고 선진적일 것 같지만, 거기도 생각보다 보수주의가 강한 나라에요. 우리는 해방되면서 여성들에게 바로 참정권을 주었는데, 스위스는 1970년에나 줬으니까요. 그런 스위스가 직접 민주주의를 이룬 정도면 우리나라도 할 수 있다고 생각합니다.

경상도 연구도 하고 있는데, 그 지역이 진짜로 어떻게 작동하고 있는지, 그 지역 경제가 무엇으로 어떻게 어려워졌는지, 그런 걸 좀 더 자세히 보고 싶었습니다. 여기에도 비균질적 모델을 적용할 생각이에요. 경상도를 하나의 덩어리로 보지 않고, 대구, 부산, 울산, 이렇게 지역 경제권으로 나누면 그 자체의 작동 방식이 다른 것 같습니다. 세 지역의 공통점과 차이점, 이런 걸 분석하다 보면 지금은 몰랐던 걸 찾아낼 수 있지 않을까 싶습니다.

어쨌든 결론적으로 말하면 비균질적인 모델이 균질적인 모델보다 더 생동감 있고 흥미롭습니다. 그러나 단점은 모델을 완전히 새로 만들어야 하는 경우가 종종 생긴다는 겁니다. 균질적인 모델은 한 번 만들어놓으면 그걸로 끝까지 가지만, 비균질적인 모델은 매번 다시 살펴야 하고 기본 요소를 섣불리 설정하면 공연히 복잡해지기만 합니다. 게다가 자연과학과 달리 사회과학은 분석의 대상이 사회의 주체인지라 대상 자체가 끊임없이 변화하기 때문입니다. 균질적이든 비균질적이든, 우리는 사회 현상의 주체에 대해 논하는 것이고, 그들은 바로 사회를 만들고 움직이는 우리들 자신이란 걸 잊어서는 안 됩니다.

여덟 번째 쪽글

## 내 삶의 가장 중요한 결정은? 그것을 만든 변수는?

예전에는 변증법이라는 다소 모호한 방식으로 사회 변화를 설명하려고 했습니다. 물론 요즘도 '생물학적 변증법' 등 때때로 은유적 방식으로 이 단어를 사용하기는 하지만, 실제로 변증법을 분석에 활용하는 일은 이제 거의 없습니다.

대부분의 경우 분석은, $y=ax+b$ 혹은 좀 더 많은 변수를 사용하고 있습니다. 이것을 선형이라고 부릅니다. 물론 자연 현상이나 사회 현상이 반드시 선형으로 움직이지 않는다는 걸 모르지는 않지만, 데이터를 다루기에는 선형 분석처럼 편한 게 없습니다. 그래서 선형 모델이 가장 기본적인 모델이 됩니다.

비선형 관계는, 로그 변환을 하거나 아니면 미적분을 해서라도 선형식으로 바꿔줍니다. 그러면 다루기가 훨씬 편해지죠. 피드백을 포함한 시스템 다이내믹스나 게임을 반복하는 진화게임이론 혹은 네트워크 효과를 포함한 그래프 이론에 의한 해법 같은 것들이 요즘 유행하는 비선형 모델링입니다. 이것은 미분방정식이라는 까다로운 수학이 포함된 전문가들의 세계이지요.

자, 문제 나갑니다. 자신이 살면서 내렸던 결정 중에서 가장 중요한 결정을 하나 선택하고, 그 결정을 둘러싼 변수들을 나열한 뒤, 그 변수의 특징에 대해서 설명하세요. 자신의 결정을 함수식으로 설명하면서, 그 함수를 구성하는 변수들 그리고 특징에 대해서 생각해보는 것은, 행위나 구조를 어떻게 선형 혹은 비선형으로 설명할 수 있는지 감을 잡는 데 도움을 줄 것입니다.

# SOCIAL SCIENCE FOR YOU & ME

# 9

## 선형과 비선형
### 단순한 숫자와 복잡한 숫자

21세기 사회과학의 중요한 분석들은 대부분 수학을 통해 이루어지고 있습니다. 복잡한 요소들을 늘어놓고 수식을 많이 활용한다고 해서 반드시 바람직한 분석이 되는 것은 아닙니다. 그러나 기계론적인 성장주의의 폐해에 대한 사회적인 해법을 제시하기 위해서는 비선형 현상을 적극적으로 분석하려는 노력이 필요한 것 또한 부정할 수 없습니다.

9 • 선형과 비선형: 단순한 숫자와 복잡한 숫자

## 선형과 비선형의
## 세계

사회과학도 요즘은 수학에 많이 의존합니다. 사회 현상을 분석하면서 수학적 사유에 의존하는 것에 대해 불편해하는 사람들이 많고, 저 또한 지나친 수리화가 문제 해결에 큰 도움이 된다고는 생각하지 않습니다. 그러나 21세기 사회과학의 중요한 분석들은 대부분 수학을 통해 이루어지고 있습니다. 시뮬레이션이라는 방식 자체가 기본적으로는 수학 모델입니다. 시뮬레이션을 통해서 미래를 예측하든 아니면 해석에 더 주안점을 두든, 기본 작동 방식에 대해서는 알고 있는 것이 좋겠습니다.

선형linear과 비선형non-linear은 기본적으로 선line과 관련된 개념입니다. 유클리드 기하학은 단순하게 시작됩니다. 무한하고, 어느 곳에서든 성질이 같은, 왜곡됨이 없는 평평한 면이 있다고 생각합시다. 그 위에 점이 한 개 있는데, 점이니까 부피가 없죠. 점을 하나 더 생각하면, 두 점 사이가 선이 되고, 그중 가장 거리가 짧은 선을 직선이라고 합니다. 직선이 세 개 이어지면 삼각형, 네 개 이어지면 사각형입니다. 이제 면적이 나오고, 피타고라스 정리처럼 도형에 해당하는 법칙들이 나오게 됩니다. 3차원까지는 그림으로 그릴 수 있지만, 4차원부터는 그림을 그리기 어렵죠. 그렇지만 선의 세계라는 건 변함이 없습니다. 더 복잡해진 것일 뿐이죠.

왈라스 균형에 대해 얘기하면서 n가지 상품과 m명의 거래자로 구성되는 매트릭스 얘기를 한 적이 있습니다. 이런 게 선형의 세계입니다. m명이 n개의 상품을 거래하는 세상에 대한 얘기가 되는데, 각각의 시장이 전부 하나의 선으로 표현됩니다. 그리고 그 n개의 선이 만나는 단 하나의 점, 그게 일반균형이라는 겁니다. 이 모델에서 우리들의 행위는 '교환'이 되고, 그 교환은 이런 n×m 매트릭스 안에서 n개의 선으로 표현되는 겁니다.

매년 각 기관에서 경제성장률을 발표합니다. 예전에는 주먹구구식이었는데, 요즘에는 CGE Computational General Equilibrium라는 모델을 써서 계산합니다. 기관별로 국가별로 이름은 조금씩 바뀌지만, 기본적으로는 CGE 모델을 예측 모델로 씁니다. 경제협력개발기구 OECD에서는 '그린 모델'이라는 것을 쓰고, 석유수출기구도 유사한 걸 쓰죠. 한미 FTA를 통한 국내총생산 GDP 증가나 고용효과의 증가를 예측할 때는, GTAP Global Trade Analysis Project라고 미국 퍼듀 대학이 중심이 되어 만든 모델을 씁니다. 무역효과를 강조한 모델이죠. 1국 모델에서는 GAMS General Algebraic

Modeling System를 많이 씁니다.

물론 여기 나오는 각 산업별 방정식 중에는 선형으로 나타나지 않는 것도 있지만, 로그변환을 하든 지수변환을 하든, 다루기 쉬운 선형 방정식으로 바꿔줍니다. 모든 가능한 변수를 일일이 다 계산하려면 방정식이 2,000개, 3,000개가 되기도 합니다. 이걸 최적화optimization 기법이라고 부릅니다. 당연히 손으로 풀 수가 없죠. 그래서 컴퓨터를 씁니다.

## 네거티브 피드백과 포지티브 피드백

방정식이 아무리 많고 복잡해도 결국 선형의 세계입니다. 그러나 모든 현실적 관계가 선형인 것은 아닙니다. 일단 함수 자체가 자연의 모습을 띠어 선형이 아닌 경우가 있고, 복잡성complexity이라고 부르는 피드백 현상이 벌어질 때도 있습니다.

비선형함수의 가장 대표적인 경우로는 〈그림 4〉와 같은 로지스틱 함수logistic function가 있습니다. S자 함수라고 부르죠. 자연계는 대개 이런 모습을 띠고 있습니다. 처음에는 천천히 증가하다가 어느 순간부터는 급격히 늘어나게 되죠. 그러나 환경의 제약이나 먹이사슬에서의 천적 관계 때문에 일정한 크기 이상으로 늘어나기는 어렵습니다. 당연히 정체 상태를 띠게 되죠. 이걸 '수용능력carrying capacity'이라고 부릅니다. 애덤 스미스가 《국부론》에서 생각했던 경제의 움직임 역시 이런 로지스틱 함수에

〈그림 4〉 비선형함수

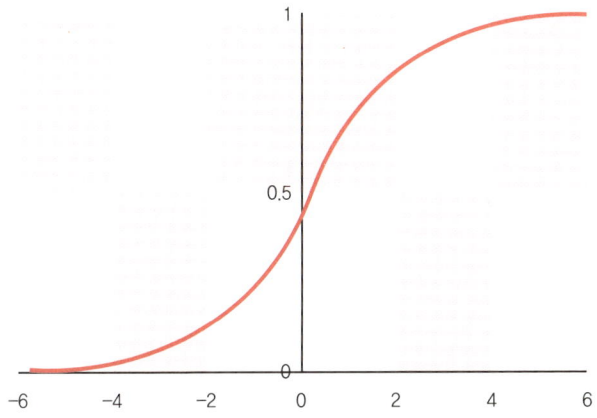

가깝고, '내생성장론'이라는 이론이 등장하기 이전의 균형성장론 역시 이런 모습에 가깝습니다. 선형의 세계에서는 상상하기 어려운 모습이지만, 생각보다 많은 현상들이 이런 모습을 띱니다. 수용능력에 제약이 있는 생태계는 대부분 이런 S자 유형을 보이죠.

시스템 내에서 비선형의 모습을 갖는 대표적인 경우는 '피드백'이 존재하는 경우입니다. 우리가 아는 피드백은 '네거티브 피드백'이라고 부르는, 마이너스(-) 사인을 가진 것입니다. 비선형 현상의 대표적인 것이죠. 집에 있는 보일러를 상상해보면 됩니다. 센서가 달려 있어서 특정 온도 이상으로 올라가면 마이너스(-) 사인을 보내 온도를 낮추게 하죠. 그리고 너무 낮아지면 다시 '그만 낮아져라'는 반대 사인을 보내 물을 끓이기 시작합니다. 위아래의 상·하한선 내에서 온도가 변하게 되는데,

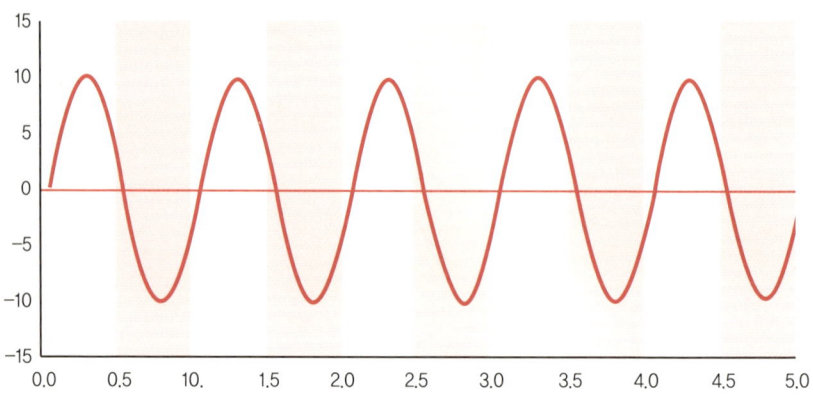

〈그림 5〉 네거티브 피드백

언제 몇 도가 될지는 알 수 없습니다만, 그 범위는 알 수 있죠. 이런 네거티브 피드백에서는 〈그림 5〉와 같은 형태의 운동이 발생합니다.

간단한 시스템이지만, 생각보다 실용적입니다. 한국은행에서 금리를 조정할 때도 이런 네거티브 피드백과 시스템을 활용합니다. 센서 하나와 마이너스를 만들어내는 작동 메커니즘만 갖추면 일정한 구간 내에서 목표 변수를 유지할 수 있어 많이 쓰이죠. 우리 몸에도 네거티브 피드백 시스템이 있습니다. 우리가 항상성homeostasis이라고 부르는 것이 바로 그것입니다. 더우면 땀을 흘려 식히고, 추우면 피부를 떨어서 체온을 높이죠. 이런 시스템이 없으면 체온을 유지하거나, 산소 농도 혹은 이온 농도 같은 걸 맞출 수가 없습니다. 생명체라는 게 아주 복잡해 보이지만, 많은 경우 이런 간단한 시스템으로 기본적인 화학 조건을 유지합니다.

슬프지만, 머리카락에는 이런 네거티브 피드백 시스템이 없습니다. 머리숱이 적어지면 더 많이 만들어내는 시스템이 없는 셈이죠. 머리카락에도 네거티브 피드백 시스템이 있다면 대머리 때문에 고민할 필요도 없을 텐데 말입니다.

반대로 포지티브 피드백이라는 것도 있습니다. 이건 플러스(+)가 나오면 플러스(+)로, 마이너스(-)가 나오면 마이너스(-)로 만들어주는 시스템입니다. 더우면 더 덥게 하고, 추우면 더 춥게 하는 거죠. 자연계에서는 관찰하기가 어렵습니다. 대표적인 것이 크리스털이죠. 응고하고 더 응고하면 결국에는 크리스털 같은 모양의 결정체가 됩니다. 이미 충분히 딱딱한데 더 딱딱해지라고 명령을 보내면 크리스털이 되는 거죠.

앰프에서 나타나는 하울링 현상도 대표적인 포지티브 피드백입니다. 앰프가 이미 키운 소리가 다시 마이크로 들어가면 앰프는 이 소리를 다시 키우죠. 고주파의 '삑' 하는 소리가 이런 현상입니다. 사람들이 놀라서 앰프 소리를 줄이거나 스피커 각도를 바꿔줌으로써 조정이 되는데, 이렇게 조정을 하지 않으면 과전류가 흘러 앰프가 터지거나 퓨즈가 끊어집니다. 술에 취한 사람에게서도 이런 일이 벌어지잖아요. 이미 술을 충분히 마셨는데도, 네거티브 피드백 대신 알코올 중독에 의해서 "더 마시자!"는 포지티브 피드백이 걸리면 그냥 쓰러질 때까지 마시게 됩니다. 이때는 외부의 도움이 필요합니다.

## 매와 비둘기의 싸움

이런 비선형적 현상들을 푸는 모델이 21세기에 주목받고 있습니다. 앞에서 잠깐 설명한 시스템 다이내믹스 모델이 있고, 같은 게임을 반복하는 진화게임이론 같은 게 있습니다. 매와 비둘기 게임이 대표적이죠.

'죄수의 딜레마' 같은 고전적 게임이론은 딱 한 번만 게임을 하는 경우입니다. 그런데 이런 모델은 해법을 못 만들 때가 많죠. 그래서 여러 번 반복할 때는 어떻게 될 것인지를 고민하게 되었고, 그 결과 나온 것이 매와 비둘기 게임입니다. 사실 이 게임에는 매나 비둘기는 등장하지 않습니다. 수컷 산양만 잔뜩 등장하죠. 매나 비둘기는 수컷 산양들의 전략을 가리키는 단어일 뿐입니다.

교미기가 되면 수컷 산양들끼리 경쟁하는데, 무조건 공격하는 것은 매의 전략이고, 참는 것은 비둘기의 전략이죠. 매와 비둘기가 만나면 당연히 매가 이기겠죠. 비둘기는 애당초 싸움을 안 하니까요. 결국 모든 산양은 하나같이 매 전략을 택합니다. 그런데 모든 산양이 매처럼 싸우다 보면 모두 상처를 입게 되고 결국 모두에게 손해가 됩니다. 궁극적으로는 다른 무리의 산양들만 유리해지죠. 그래서 이번엔 서로 손해 보지 않는, 비둘기 전략으로 돌아가게 되는데, 이 게임을 오래 반복하면 파동 모양을 보이게 됩니다. 이때의 안정적인 전략 조건을 ESS(Evolutionary Stable Strategy)라고 부릅니다.

매파와 비둘기파의 경쟁은 다양한 사회 현상에 응용이 가능합니다. 정치에서는 강경파와 온건파의 비율이 시간에 따라서 파동 모습을 보이죠. 온건파가 많아지면 목소리가 높은 강경파가 군계일학처럼 인기를 얻게 되는데, 그렇다고 강경파가 득세하면 또 피곤해지니까 한쪽에서 다시 온건파를 지지하는 목소리가 높아지게 됩니다. 역사적으로 유엔UN의 등장 자체가 온건파들의 승리라고 할 수 있습니다. 유엔이 무능하다고 비판하지만, 세계 정부가 없는 상태에서 적성국끼리 일단 한자리에 앉아 논의할 수 있는 기구라도 없었다면, 세계가 핵무기 경쟁에 몰두하던 냉전 시기를 제대로 헤쳐나올 수 있었을까요?

이명박 정부에서의 남북 대치는 치킨 게임으로 간단하게 설명이 됩니다. 남북이 같이 나눌 만한 게 있을 때는 일종의 나눠 먹기 게임이 되는데, 이제 더 이상 같이 나눌 게 없으니 더 무식한 쪽이 이기는 치킨 게임이 되는 거죠. 이 게임에서는 북한이 무조건 이기게 됩니다. 전쟁이 나면 북한은 잃을 게 별로 없는데, 남한은 가진 게 많으니 엄청나게 손해를 보게 되죠. 이 경우 결국 잃을 게 없는 편이 먼저 싸움을 걸게 됩니다. 남북 문제를 주식회사의 배당과 같은 나눠 먹기 게임으로 전환시키는 게 해법이 될 수 있다고 생각합니다.

## 컴퓨터 자판에서 정부 정책까지, 비선형 모델의 현상들

비선형 모델로 일반인에게 가장 잘 알려진 가설은 아마도 '잠김lockin' 현상일 겁니다. 폴 데이빗◆이라는 사람이 제시한 가설로, 1980년대 중후반에 시스템 다이내믹스에서 가장 주목을 받았던 가설입니다. 그 전까지는 가장 좋은 기술이 채택된다는 가설을 암묵적으로 채택했었고, 이걸 최적 기술 이론이라고 불렀습니다. 그러나 더 좋은 기술이 있어도 예전 기술에 일단 잠겨버리면lock-in, 최적 기술을 선택할 수 없다는 게 이 가설이 주었던 충격이었습니다.

우리가 흔히 쓰는 자판을 QWERTY 방식이라고 부릅니다. 초기에 타자기가 등장했을 때는 타이프 헤드가 먹지를 때려서 글자가 새겨지는 기계식이었습니다. 이때의 고민은 글자마다 헤드가 있는데, 동시에 누르면 먼저 올라간 헤드가 내려가면서 뒤에 올라오는 헤드와 엉키는 문제였습니다. 이 문제를 해결하기 위해 바로 옆에 있는 글자를 칠 확률을 가장 낮추는 방식으로 글자를 배열했습니다. 바꿔 말하면 치기에 가장 비효율적인 방식의 글자 배치인 셈이죠. 이것이 QWERTY 방식입니다.

그러나 컴퓨터가 등장하면서 이제 더 이상 이런 배치를 할 필요가 없게 되었습니다. 그래서 개선된 자판이 나왔죠. 그런데 지금도 여전히 QWERTY를 쓰고 있습니다. 초기에는 타이피스트들이 새로 교육을 받아야 한다며 반대했는데, 지금은 타이피스트라는 직업 자체가 사라졌는데도 자판은 바뀌지 않습니다.

한글도 마찬가지입니다. 우리는 2벌식 자판을 쓰는데, 이걸 개량한 3벌

---

◆ 폴 데이빗과 '잠김 현상'에 대해서는 다음의 기념비적인 논문을 참조할 것. Paul David(1985), "Clio and economics of QWERTY", *American Economic Review*, pp. 332~37.

<그림 6> 분기점 모델 그래프

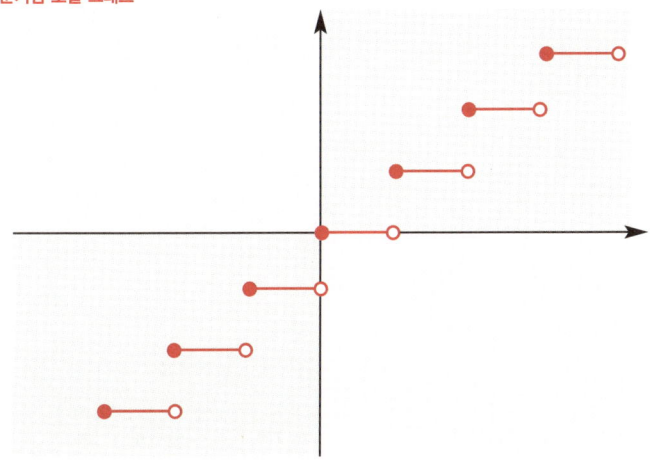

식이 속도 면에서는 더 우수합니다. 그러나 우리는 여전히 2벌식을 씁니다. IBM PC와 애플 맥 사이에도 이런 문제가 있죠. 기계적으로는 맥이 더 우수하지만, IBM PC의 범용성이 더 높게 되었습니다.

이렇듯 우수한 기술이 반드시 채택되는 것은 아닙니다. 소니가 베타 방식의 비디오테이프를 상품화했지만, 이것 역시 마찬가지 문제로 시장에서 실패했습니다. 요즘은 이를 '네트워크 효과'라고 부르는데, 네트워크가 광범위하게 존재하는 시스템에서는 잠김 현상이 종종 발생합니다.

비슷한 맥락에서 '창조적 파괴'라는 개념도 1990년대 이후 한참 유행했습니다. 기술이라는 게 점진적으로 발달하는 게 아니라, 한번 장애를 뛰어넘고 한동안 머물러 있다가 새로운 파괴 현상이 나오면서 다시 급격히 발달하는 형태를 보여준다는 겁니다. 이런 현상을 나타내는 함수를 가우스 함수라고 부릅니다. 뱀의 성장이 이와 같은 계단식 패턴을 보이는 전형적인 예입니다. 허물을 벗으면서 커지니까요. 번데기에서 나오는 나비 같은 완전 변태 곤충들도 이런 패턴을 따릅니다. 이런 패턴을 '구조적 변화'라고 하는데, 간단한 형태지만 선형 모델에서는 처리하기가 매우 어렵습니다. 모델을 통한 경제 예측에는 이런 변화를 담을 수가 없죠. 그래서 2008년의 세계 금융위기 같은 구조적인 변화가 발생하는 것은 어떤 모델로도 사전 예측이 불가능합니다.

〈그림 6〉은 물리학에서 종종 등장하는 그래프로, 분기점bifurcation 모델을 나타내는 그래프입니다. 분기점 모델은 일종의 외부 충격에 대한 적응 모델로 사용될 수 있습니다. 외부에서 충격이 발생하면 적극적으로 대응하는 방식이 있고, 수동적으로 대응하는 방식이 있습니다. 그렇게 몇 번의 선택이 누적되면, 그림에서 보는 것처럼 완전히 다른 위치에 있는 점들이 생겨납니다. 결과만 놓고 보면 매우 다른 상황에 놓이는 셈인데, 앞의 선택들이 계속 누적되면서 이런 차이를 만들어냅니다.

오른쪽의 〈그림 7〉은 외부 충격이 벌어졌을 때, 각 국가가 어떠한 선택을 했는지, 생태적 관점에서 살펴본 겁니다.

1974년은 제1차 석유파동이 벌어진 해입니다. 이때 대대적인 정부 지원을 받으며 풍력, 태양광, 지열 같은 대체 에너지의 원형들이 생겨납니다. 우리는 이때 '에너지원별 다변화'라는 정책을 폈지만, 실제로는 에너지 절약이나 대체 에너지 기술 개발에 집중하기보다 원자력에 투자했고, 천연가스 도입을 적극 추진했습니다. 석유파동의 위기는 넘겼지만, 초기에 생태적 전환을 이룰 기회를 한 번 놓친 셈이죠.

<그림 7> 생태효율성의 경로의존 효과

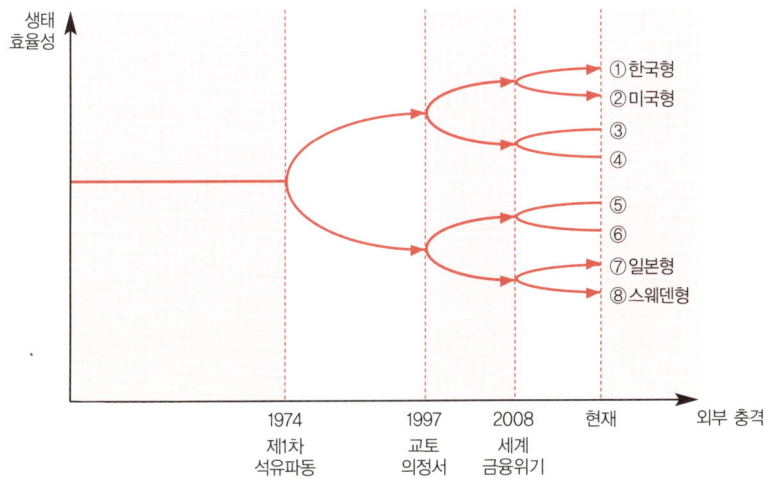

1997년은 기후변화협약에 감축 의무를 담은 교토의정서가 세상에 등장한 해입니다. 유럽은 이때 자전거 이용 확대와 같은 대중적 방식은 물론 근본적인 기술 체계의 전환을 꾀합니다. 이때 우리는 개발도상국으로서 감축 의무에서는 면제되었지만, 그 후에 주상복합 같은 고층건물을 지으면서 오히려 건물당 에너지 사용량을 더 높였습니다.

2008년은 세계 금융위기가 발생한 해입니다. 클린턴 시절에 모기지를 추진하면서 대대적인 주택 보급 사업을 벌였는데, 여기에 금융파생상품이 결합하면서 생겨난 위기죠. 이즈음에 토요타의 하이브리드가 연비에서 불리한 제너럴 모터스GM를 밀어붙였습니다. 한국은 이 위기를 극복하면서 오히려 4대강 사업과 같은 토건 사업을 벌였고, 풍력과 태양광에 지급하던 보조금을 줄이게 됩니다.

앞의 그림에서 ⑧번 길로 간 나라들이 스웨덴이나 스위스 혹은 덴마크 정도입니다. 일본은 워낙 에너지 절약이 철저해서 '마른 수건 짜기'라는 말이 나올 정도인데, 대체적으로 ⑦번 길로 갔다고 할 수 있습니다. 교토의정서는 채택하지 않았지만, 나름대로는 계속해서 기술개발을 하는 미국은 ②번 길을 택한 셈이라고 할 수 있습니다. 한국은요? ①번 길을 걸어갔죠. 1인당 온실가스 배출량이 국내총생산GDP의 2배가량 되는 일본이나 프랑스보다 우리가 높습니다. 이제는 더 이상 같은 길에 있다고 보기 어려운 한국과 스웨덴은 매번의 충격에 대응한 방식이 서로 조금씩 달랐던 것인데, 나중에는 이렇게 큰 차이점을 보인 거죠. 한 번 내린 선택이 다음번의 선택에 영향을 주는 '경로의존성path dependency'이 존재한다고 할 수 있죠.

## 단선적 성장 중심에서
## 다양성의 세계로

비선형적 사유에서 가장 대표적인 것이 '루틴routine'이라는 개념입니다. 진화경제학을 지금의 위치에 올려준 바로 그 개념인데, 어떻게 하면 새로운 기술 혹은 새로운 생각을 하는 돌연변이들이 많이 등장할 수 있는가, 그런 고민에서 시작된 개념입니다. 진화가 계속되기 위해서는 결국 새로운 종이 등장하고, 또 그런 것들이 우점종이 되어야 합니다. 그런 시각으로 기술의 진화를 살펴보면 새로운 기술이 많이 나오는 조직이 있고 그렇지 않은 조직이 있다는 거죠. 그리고 각각의 조직 안에는 조직의 행위를 만들어내는 서로 다른 루틴들이 있다는 거예요.

생물학에서 유전자에 해당하는 개념이 바로 이 루틴입니다. 유전자는 행위 코드이면서 동시에 기억 저장 장치이기도 합니다. 도저히 새로운 것이 나오지 않는 조직, 그런 조직은 루틴에 대해서 고민을 해야 합니다. 사회적으로 어떻게 새로운 돌연변이들이 자연스럽게 나올 수 있는가 하는 것이 21세기의 화두이기도 하니까요.

비록 논란이 있는 접근 방식이기는 하지만 리처드 플로리다Richard Florida의 《창조계급의 부상The Rise of Creative Class》이라는 책도 이런 논의의 연장선에 있는 주제를 담고 있습니다. 실리콘 밸리가 성공할 수 있었던 데는 관용성이 큰 몫을 차지했다는 것이 저자의 주장입니다. 그래서 '게이 지수' 같은 것이 등장합니다. 동성애자에 대한 관용성을 측정하는 지수라고 할 수 있는데, 게이 지수가 높은 도시가 결국은 창의성 혹은 창조력이 높은 도시라는 거죠. 문화 다양성이라는 것도 결국에는 이렇게 '다른 방식의 사람'들을 멸종시키지 않고, 어떻게 하면 계속해서 등장시킬 수 있는가에 달려 있는 셈이잖아요. 이런 일련의 논의들이 비선형적 사유에서 나오게 됩니다.

경제학이 주도했던 사회과학은 주로 선형의 세계를 전제로 하는데, 실제로 성장론 자체는 그렇게 단순한 이론은 아닙니다. 다만 성장을 전제로 한 경제 근본주의가 단선적이고 기계적인 선형의 세계를 만든 것뿐이죠. 그러나 피드백, 네트워크, 시스템, 스케일 효과, 이런 새로운 현상들에 주목하면서 사회과학에서도 점점 비선형적 현상들을 적극적으로 고려하려는 경향이 생겼습니다. 복잡한 요소들을 늘어놓고 수식을 많이 활용한다고 해서 반드시 바람직한 분석이 되는 것은 아닙니다. 그러나 기계론적인 성장주의의 폐해에 대한 사회적인 해법을 제시하기 위해서는 비선형 현상을 적극적으로 분석하려는 노력이 필요한 것 또한 부정할 수 없습니다. 여러분도 비선형의 세계에 익숙해지길 바랍니다.

### 삶에서 되돌리고 싶은 결정은?

시간에 대해 생각할 때 우선 떠오르는 것은 비가역성입니다. 흘러간 시간은 되돌릴 수 없다는 거죠. 그런가 하면 시간의 비대칭성도 있습니다. 다른 공간에서는 시간의 흐름이 다르다는 것이니 좀 어려운 개념이죠.

그렇다면, 이번 쪽글은 다음과 같은 걸 고민해보는 건 어떨까요? 자신의 삶에서 되돌리고 싶은 결정이 있었다면? 그리고 그 결정을 되돌리기 위해 지금이라도 무슨 노력을 할 수 있는지? 요령! 이번은 '후회'나 '회환' 같은 어두운 종류의 질문이니, 가능한 한 유머 터치 혹은 명랑 필로 마무리해주기 바랍니다. 내 인생에 되돌리고 싶은 순간을 '우울 터치'로 하지 않는 것이 이번 쪽글의 주문 사항입니다.

# SOCIAL SCIENCE FOR YOU & ME

# 10

## 시간을 다루는 법
### 역사에 목적지 같은 건 없다

같은 시간이 주어진다면 모든 공간에서 똑같은 역사가 펼쳐질까요? 잉카 문명이 그대로 유지되었다면 자본주의 단계를 거쳐 사회주의로 진입했을까요? 유럽의 제국주의는 중남미를 미개한 야만인들이 사는 곳으로 봤지만, 과연 그럴까요? 자, 우리가 가야 할 길이 늘 같은 것일까요? 그리고 그 최종의 목표가 같을까요? 여러분은 어느 쪽입니까?

## 10 • 시간을 다루는 법: 역사에 목적지 같은 건 없다

### 역사는 정해진 목적지를 향해 가는 항해인가?

사회적 행위가 발생하기 위해서는 주체가 있어야 하고, 무대가 되는 시간과 공간이 있어야 합니다. 말하자면 '누가, 언제, 어디서'에 해당하는 것인데, 사회과학이 분석하는 것이 바로 이것이죠. 주체에 대한 얘기는 이미 다루었으니, 이제는 무대에 대한 얘기를 좀 해보겠습니다.

〈그림 8〉을 보면 그래프가 있습니다. 하나는 이미 배웠던 선형이고 나머지 하나는 사이클을 가진 순환형입니다. 이것이 기본적으로 시간을 해석하는 방식입니다. 왼쪽 그래프는 시간이 갈수록 역사가 발전한다는 사유 방식입니다. 과학사가 이런 모습을 보인다고 합니다. 오른쪽 그래프는 일시적인 변동만 있을 뿐, 뭔가 근본적인 변화는 생기지 않는 것을 보여줍니다. 철학사의 모습이라고 할 수 있죠. 철학은 예전부터 해오던 생

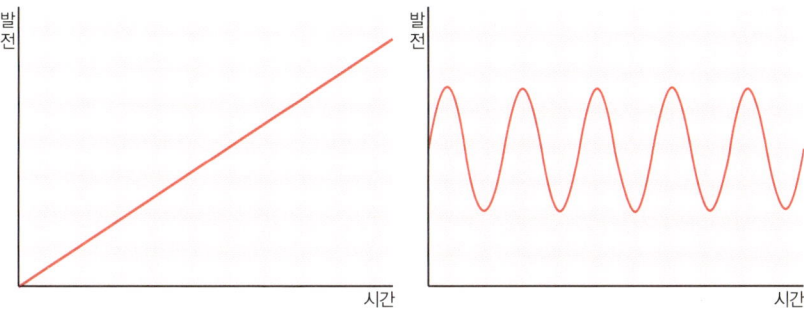

〈그림 8〉 선형 발전과 순환형 발전

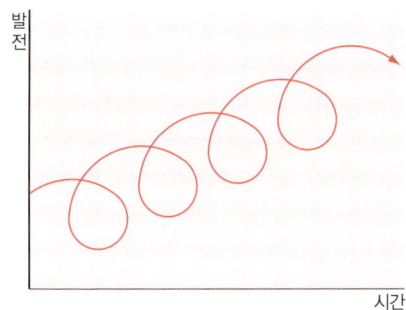

〈그림 9〉 나선형 발전

각들의 반복이라고 할 수 있으니까요. 절대주의와 상대주의 등이 주기적으로 반복되는 것이라고 할 수 있겠죠. 사회의 트렌드라는 것도 결국 돌고 도는 거잖아요. 실제로 미니스커트의 길이가 달라지는 추세를 이렇게 그래프로 그려보면 경기 순환하고 거의 겹치는 그래프가 나옵니다.

앞의 두 그래프를 합치면 〈그림 9〉와 같은 그래프가 됩니다. 이걸 '나선형 발전'이라고 부릅니다. 세상은 계속 좋아지지만 가끔 나빠질 때도 있어, 그림으로 나타내면 이와 같이 됩니다. 이때 아래로 내려가는 순간을 '반동reaction'이라고 부릅니다. 역사 발전에 역행하는 순간이지만 곧 다시 올라가는 만큼 참고 기다리면 세상은 결국 좋아질 것이라는 의미를 담고 있죠.

멋지지 않습니까? 직선형, 순환형 모두 다 설명할 수 있죠. 여러분은 이 그림에 동의하나요? 좌파들이 말하는 '진보'나 우파들이 말하는 '선진화' 모두 근본적으로는 이런 그래프로 표현됩니다. 우리는 계속 나아지고 있고, 지금의 어려움은 '잠시' 반동의 시기이기 때문이라는 의미를 담고 있는 거죠. 트렌드와 발전을 동시에 담고 있는 셈입니다.

이 그래프의 문제점은, 명확한 방향을 가지고 있다는 점입니다. 좌파의 눈으로 보면, 노예제에서 봉건주의, 자본주의, 그리고 사회주의 단계를 거쳐 공산주의로 가면 역사는 완성되는 것입니다. 우파의 눈으로 보면, 단계고 뭐고 그저 지속적으로 성장하는 게 역사라는 겁니다.

국내총생산GDP을 높여야 하는데, 가끔 좌파 정권이 들어서서 '잠재성장률'보다 낮은 성장을 하게 된다, 그러나 우파 정권으로 바뀌면 747, 즉 7% 성장이 달성될 것이라는 얘기들을 하게 됩니다. 같은 그래프인데, 좌파 버전으로 해석하면 스탈린주의, 우파 버전으로 해석하면 토건 경제가 되는 셈입니다.

## 목적론적 역사관과 진화론

이런 시각을 '목적론적 역사관'이라고 부릅니다. 영어로는 teleology 라고 하고요. 역사에는 목적이 있고, 우리는 결국 그 목적을 향해 간다는 거죠. 역사의 끝에 분명한 목적지가 있다고 보는 것이니, 우리는 어떻게든 그 목적지를 향해 가야 하고, 그 길을 막아서는 자들은 모두 반동이 되는 거죠. 목적지를 향해 가는 길을 거스르기 때문입니다. 이런 생각은 아주 무서운 도그마를 만듭니다. 민족과 결합하면 히틀러의 나치즘이 되고, 사회주의와 결합하면 스탈린주의가 됩니다.

이렇게 발전이라는 시각으로만 보면 남태평양의 원주민이나 북미 원주민은 야만인으로 보일 수밖에 없죠. 호주의 원주민이나 알래스카 주민들을 미개인 혹은 야만인으로 본 건 우파들이나 스탈린주의자들이나 마찬가지였습니다. 노예제조차 겪지 않은 구시대적인 존재라는 거죠.

이러한 시각을 극단적으로 적용하면, 일정한 경로를 따르지 않으면서도 잘살아가고 있는 사람들을 인정하지 못합니다. 어떻게든 경로를 따르게 하면서 스스로 이러한 행위를 '발전'이라고 생각하는 경향이 생깁니다. 이런 점에서는 좌파나 우파나 오랫동안 역사를 크게 다르지 않게 보았다고 할 수 있습니다. 그런데 여기서 우리가 따르는 경로에 대한 근본적인 질문이 생깁니다. 우리의 출발점은 어디이고 정확히 어디를 향해 가는 것인가?

인류학은 바로 여기서 출발한 학문입니다. 우리의 과거를 알고 싶다면 어떻게 해야 할까요? 문자가 있는 시기라면 기록이 존재하니까 역사학의 대상이지만, 문자도 아직 만들어지지 않은 시기가 궁금하다면? 그런데 우리는 시간을 거슬러 갈 수 없잖아요? 그래서 시간이 정지된 곳, 그런 곳을 찾아간 게 인류학 연구의 출발이라고 할 수 있습니다.

브로니슬라브 말리노프스키◆가 경제인류학에서 매우 중요한 개념인 증여 교환 관습을 발견한 남태평양의 경우가 그렇습니다. 그곳의 원주민들은 조개껍질을 선물하기 위해 다른 섬을 향해 카누를 타고 목숨을 건 항해를 합니다. 선물을 받은 다른 섬의 원주민들 역시 같은 행동을 반복합니다. 나중에 후대 인류학자들의 손을 거치면서 '증여의 경제' 혹은 '호혜의 경제'의 개념으로 발전하게 된 그곳 원주민들의 관습입니다. 확실히 지금 우리의 눈으로 보면, 마치 역사가 정지한 것 같은 장소들이 존재합니다. 도시와는 다른 농촌의 삶의 방식, 방글라데시나 부탄과 같은 나라. 그런 공간이 어떻게 존재할 수 있는가?

페르낭 브로델★이 바로 이런 의문을 품었던 사람입니다. 과연 같은 시간이 주어진다면 모든 공간에서 똑같은 역사가 펼쳐질 것인가? 과연 잉카 문명이 그대로 유지되었다면 자본주의 단계를 거쳐 사회주의로 진입했을 것인가, 그런 질문을 해볼 수 있죠.

---

◆ Bronislaw Malinowski(1884~1942): 폴란드 태생의 영국 문화인류학자로 문화인류학에서 역사주의를 비판하고, 분석과학으로서의 인류학을 지향하여, 기능주의라는 연구방법을 창시했다.

★ Fernand Braudel(1902~1985): 프랑스의 역사학자로 아날 학파의 지도자였으며, 거시적인 관점에서 사회경제적인 요소들을 중시하여 '장기지속'과 같은 개념을 내세웠다. 이매뉴얼 월러스틴과 조반니 아리기의 '세계체제론'에 많은 영향을 주었다.

유럽의 제국주의는 중남미를 미개한 야만인들이 사는 곳으로 봤지만, 과연 그럴까요? 만약 유럽의 손길이 미치지 않았다면 중남미는 잉카 문명처럼 자기 방식대로 수십만 년을 더 평화롭게 지냈을지도 모르는데, 스탈린주의자들은 그렇게 생각하지 않았습니다. 모든 문명이 결국은 유럽식 자본주의를 만나 사회주의로 발전한다고 봤죠. 충분한 시간이 주어진다면 모든 사회는 정해진 역사의 길을 따라갈 것이라는 것이 그들의 생각이었습니다. 이렇게 얘기하면 인류학은 필요 없는 학문이 되어 버립니다.

농촌에 대해서도 같은 얘기를 할 수 있습니다. 시간만 있다면 농촌은 결국 도시와 같아질 거라고 결론을 내리면 우리가 지금 농촌 공동체에 대한 얘기를 할 필요가 없죠. 다만 좀 늦는 것뿐이지, 결국엔 이곳과 같아질 것이다, 이런 결론을 내릴 거라면 굳이 연구할 필요가 없잖아요. 브로델은 그게 아니라는 얘기를 하기 위해서 '시간의 비균질성'이라는 개념을 제시했습니다.

자, 우리가 가야 할 길이 늘 같은 것일까요? 그리고 그 최종의 목표가 같을까요? 앞에서 본 나선형의 그림은 "그렇다!"라고 말하고 있습니다. 우리가 나빠질 수도 있고 혹은 다른 방향으로 갈 수도 있다고 하는 순간 "당신은 반동이야!" 그렇게 말합니다. 생각 이상으로 아주 무서운 그림입니다.

목적론의 대표적인 경우가 진화론에서 인간을 최종 목표로 설정하는 시각입니다. 사람이 모든 종의 최종적 결론이다, 아메바에서 생명이 진화하기 시작해서 결국 인간이 되었다, 이런 식의 주장은 매우 그럴듯하긴 하지만, 가장 악질적인 목적론에 빠질 위험이 있습니다. 다윈의 진화론은 초기에 많은 사람을 매혹시켰습니다. 하지만 모든 생명의 진화 목적이 바로 인간이 되는 것이라는 해석은 등장하자마자 아주 위험한 이데올로기가 되기도 했죠. 진화의 목표를 인간으로 잡는 순간, 인간 그 자체도 진화의 대상이 되니까요.

아리안 족이 궁극의 민족이 되어야 한다는 나치즘과 사회 진화론의 결합이 어떤 비극을 초래했는지는 이미 역사를 통해 목격한 바가 있죠. 진화가 아직 다 끝난 게 아니라면, 더 발전된 민족과 그렇지 못한 민족으로 나눌 수 있게 됩니다. 이렇게 나누어지게 되면 그다음에 벌어질 일은 뻔하잖아요?

보다 발전된 민족은 보전할 가치가 있지만 그렇지 못한 민족은 도태되어야 한다는 결론에 이르게 되겠죠. 결혼 및 출산에 대한 통제부터, 극단적으로는 열등한 민족에 대한 말살까지, 실로 참혹한 일들이 벌어지게 되는 거죠. 이게 바로 '우생학'이 된 진화론의 폐해 아니었습니까. 지난 세기에 우리가 겪을 만큼 겪은 폐해입니다.

그런 과정을 거쳐서 지금은 더 이상 진화론을 목적론이라는 시각으로 해석하지 않습니다. 인간도 수많은 진화 단계에 있는 생명에 불과하고, 모든 생명체가 인간이 되기 위해 생존 투쟁을 하는 건 아니다, 그렇게 다윈주의가 목적론을 벗어버리고 나서야 진화론이 다시 과학적 논의의 대상이 될 수 있었습니다.

## 보편주의와 특수주의

이런 논의의 연장선에서 보편주의와 상대주의를 다룰 수 있습니다. 보편주의는 모든 역사가 동일하다는 논리고, 상대주의는 나라마다 지역마다 다르다는 논리입니다. 시간으로 따지자면 보편적인 시간을 강조하는 게 보편주의라면 상대적인 시간을 인정하는 게 상대주의 혹은 특수주의라고 할 수 있겠죠. 여러분은 보편주의와 특수주의 중 어느 쪽인가요? 물론 대부분의 사람은 보편주의를 선택하겠죠.

장하준 교수는 특수주의 혹은 상대주의의 시각으로 경제를 분석하는 학자입니다. 19세기 애덤 스미스를 비롯한 고전파 경제학자들은, 모든 사회는 사회 분업에 의해 산업이 발달하고 생산력이 증가할 거라는 식으로 보편주의를 고수했는데, 독일의 경제학자인 프리드리히 리스트♦는 그것은 이미 산업혁명을 겪은 영국의 이야기일 뿐 독일은 경우가 다르다고 주장했습니다. 예컨대 독일은 영국과 달리 자유무역이 아닌 보호무역을 해야 한다는 것이죠. 발전 단계가 다른 두 나라가 똑같은 정책을 쓸 수는 없다는 특수주의를 주장한 셈입니다. 경제 발전에는 일종의 단계가

---

♦ Friedrich List(1789~1846): 독일의 경제학자로 애덤 스미스의 자유주의적 경제이론을 비판하고 보호무역론을 제창했으며, 경제 발전 단계설을 주장했다. 구舊역사학파의 창시자 중 한 사람.
★ kicking away the ladder: 프리드리히 리스트는 유치산업 보호의 이점을 통해 산업적 성공을 거둔 영국이 후발국인 독일 등에 대해서 자유무역을 주장하는 현실을 두고, "사다리를 타고 정상에 오른 사람이 그 사다리를 걷어차버리는 것은 다른 이들이 그 뒤를 이어 정상에 오를 수 있는 수단을 빼앗아버리는 행위"라고 비난했다.

있는데, 그 단계를 무시하고 무조건 따라 하면 한쪽이 일방적 피해를 입는다는 겁니다. 그때 리스트가 얘기한 것이 바로 장하준 교수의 첫 책 제목인 '사다리 걷어차기'*였습니다. 말하자면 장하준 교수는 고전적인 리스트의 개념을 21세기에 다시 꺼낸 셈입니다. 발전 단계가 다른 나라들이 똑같은 전략으로 임하면 곤란해진다는 맥락입니다.

한국에서 FTA를 주장하는 사람들은 인식론적으로는 그 반대쪽에 서 있습니다. 발전 단계의 차이는 인정하지만, 교류를 통해 발전에 뒤처진 나라가 한 단계 더 올라설 수 있다고 주장하는 겁니다. 반면 장하준 교수의 주장은 각각의 경제 발전 단계 속에서 내부 시스템의 요소들이 성숙될 기회를 주어야 한다, 그렇지 않고 그냥 경쟁에 노출시키면 외부 시스템에 의해서 내부 요소가 붕괴된다는 것입니다. 자본주의 내에서 상당히 오래된 논쟁을 장하준 교수가 다시 끄집어낸 셈입니다. 지나치게 보편주의에만 익숙해져 있는 우리에게 다시 한 번 상대주의의 세계를 보여준 것이지요.

## 시간의 비가역성
## 그리고 돈이 되는 시간

시간에서 또 한 가지 흥미로운 주제는 '비가역성'입니다. 거슬러 갈 수 없다는 거죠. 시간을 거슬러 갈 수 있으면 좋겠지만, 공간과 달리 우리는 과거로 갈 수 없습니다. 물론 유클리드 기하학에서 시간은 앞으로도 갈 수 있고 뒤로도 갈 수 있는 공간처럼 다루어지지만 그건 수학에서나 가능할 뿐 현실적으로는 불가능한 얘기입니다. 하지만 이런 비가역성이 생태주의의 테제를 가능케 합니다. 시간을 되돌릴 수 없으니 잘 보존해야 한다, 그게 유엔 기후변화협약을 가능케 한 '예방성 원칙precautionary principle'이니까요.

  4대강 사업 같은 경우는, 시간의 비가역성을 엉뚱하게 적용한 경우라고 할 수 있죠. 개발주의자들과 토건주의자들이 주로 쓰는 논리가, 이미 돈을 들였으니 그만둘 수 없다는 거잖아요. 하지만 아무리 돈을 많이 들였어도 앞으로 치러야 할 비용이 더 크면 그만두는 게 이익입니다. 경제학에서는 그걸 '매몰비용sink cost'이라고 부릅니다. 아무리 아쉬워도 어쩔 수 없다는 거죠. 그러나 현실 행정에서는 그렇게 하기가 쉽지 않습니다. 시간의 비가역성처럼 행정상의 비가역성이 존재하는 셈이죠. 이미 시행한 정책이나 사업이 잘못되었다고 하면 누군가가 책임을 져야 합니다. 그래서 행정에는 실패가 없다고 하죠. 하지만 실패가 없다기보다 스스로 실패를 인정하기가 어렵다고 봐야 옳겠죠.

  시간의 비가역성을 엉뚱하게 적용했다고 말한 이유는 4대강 사업의 경우 오히려 강이 갖는 가역성에 주목해야 하기 때문입니다. 갯벌과 강의 차이점은, 이미 죽어버린 갯벌이 다시 살아나는 데는 몇 백 년 때로는 몇 천 년이 걸릴 수도 있지만, 강의 경우는 1~2년 내에 제방만 없애주면 다시 살아난다는 점입니다. 따라서 "일단 막으면 그만이다"라는 비가역성의 논리와, 제방을 없애면 얼마든지 다시 "강을 살릴 수 있다"는 가역성의 논리가 공사 중간이나 공사 후에도 팽팽하게 부딪히게 되죠.

고래나 참치와 같은 특정한 생명체가 멸종한다거나 갯벌 등 습지생태계가 파괴되는 경우 다시 원형으로 되돌릴 수 없지만, 강의 경우는 범람 등을 통해 스스로의 생명력을 보존하려는 힘이 워낙 강해 가역성을 띤다고 할 수 있는 겁니다. 강의 이런 기능을 살리는 것이 행정의 비가역성에만 매달리는 것보다 훨씬 더 중요하다는 건 굳이 강조할 필요가 없겠죠.

그런가 하면 시간이 갖는 힘을 돈에 적용하면 바로 이자가 됩니다. 돈을 어딘가에 맡겨두고 시간이 흐르면 돈이 새끼를 치는 셈입니다. 그리고 우리는 시간과 돈의 이런 함수를 당연하게 받아들입니다. 그러나 중세에는 이자라는 게 종교적으로 금지되어 있었고, 지금도 아랍 국가들의 이슬람 은행에서는 이자를 받지 않습니다. 어디 아랍 국가뿐인가요. 1990년대 이후 일본에서 마이너스 금리가 자연스러워진 이래 우리의 경우도 지금은 이자율과 물가상승률을 따져보았을 때 사실상 마이너스 금리인 셈입니다. 중국에는 돈을 맡기면 오히려 보관료를 받는 은행도 있답니다.

앨버트 허시먼의 《열정과 이해관계》라는 아주 흥미로운 책에 보면 이자야말로 지극히 자본주의적인 현상이며 이 과정에서 '이익'이라는 관념이 비롯되었다는 주장이 나옵니다. 시간에 대한 해석, 어쩌면 그것은 너무나 익숙해서 이제는 자연스러운 법칙으로 이해되는 이자율에 대해서도 새롭게 생각해볼 기회를 주는군요.

## 우리에게
## 궁극의 목표 같은 건 없다

저는 '진보'라는 표현보다 '좌파'라는 표현을 선호합니다. 목적론을 버리면 더 이상 '진보'라는 말은 의미를 잃어버리죠. 프로그레스라는 게 전형적인 목적론적 개념이니까요. 개인적으로 역사를 통해 우리가 도달해야 할 궁극의 목표 따위는 없다고 생각합니다.

목적론을 버리면 모든 진실은 잠재적이고 임시적인 것이 됩니다. 그저 지나온 시간에 대해 사람들이 참고할 수 있는 해석 하나를 더하는 정도가 될 뿐이죠. '이것이 진리입니다'라고 말하는 날 선 칼날보다는 어깨에 힘을 빼고 공을 던지는 투수의 마음이라고나 할까요? 사물을 베어버리는 칼날의 날카로움도 있지만, 바람의 흔들림을 온몸으로 느낄 수 있는 나뭇잎의 날카로움도 있습니다.

어떻게 보면 역사에 궁극의 길이 있다는 것 역시 한편으로는 인본주의이지만 동시에 인간중심주의이기도 합니다. 생태계에 그런 목표가 있겠습니까? 극상極相으로 가면 천이遷移가 끝나고 생태계는 스스로 붕괴하여 또 다른 균형을 찾아갑니다.

'궁극의 목표'라는 게 없어지면 연구자는 지나치게 냉소적이 되거나 허무주의에 빠질 수 있습니다. 제가 '명랑'이라는 코드를 적극적으로 도입할 수밖에 없었던 이유입니다. 여러분의 삶에도 명랑이 함께 하길 빌겠습니다.

열 번째 쪽글

## 내게 특별한 의미를 갖는 공간들에 대해

앙리 르페브르라는 학자는 '공간space'과 '장소place'의 차이에 대해, 공간은 물리적 개념이고, 장소는 그곳에 사람들의 관계가 누적적으로 개입하는 곳이라고 정의내린 적이 있습니다. 아무런 기억도 없는 곳이면 공간이고, 거기에 누군가가 있거나 추억이 있다면 장소로 변한다는 논리지만, 이 정도만 생각해도 물리적 특징만 있는 공간이 특별한 의미를 갖게 됩니다.

개인의 생애를 현 시점에서 잡아보면, 공간은 고향 혹은 탄생지, 현 거주지, 그리고 마지막으로 묻히고 싶은 곳 아니면 은퇴지, 이렇게 세 개의 범주를 발생시킬 수 있습니다. 태어난 곳을 선택할 수는 없지만, 살아가는 곳은 자신이 어떤 식으로든 선택한 것이고, 자신이 묻힐 곳은 훨씬 더 적극적인 선택지가 되는 셈입니다.

그렇다면 자신의 탄생지, 거주지, 그리고 은퇴지에 대해 서술하고, 부정적이든 긍정적이든 그 공간이 자신에게 갖는 특별한 의미에 대해서 써보세요. 요령! 유토피아라는 개념을 접목하여, 자신의 공간을 유토피아로 만들기 위한 노력이 드러나도록 쓰세요.

# 11

## 공간을 다루는 법
걷고 싶은 거리? 굽고 싶은 거리?

공간을 볼 때는 언제나 그 안에 깃들어 살아야 할 사람들의 삶을 먼저 생각해야 합니다. 집값이 올라가면 집 팔고 이사 갈 사람의 눈으로만 보지 말고 그곳에서 삶을 꾸려갈 사람, 그곳에서 태어나 그곳에 묻힐 사람들이 행복하게 살 수 있는 공간, 그런 눈을 갖고 볼 수 있어야 합니다.

11 • 공간을 다루는 법: 걷고 싶은 거리? 굽고 싶은 거리?

## 걷고 싶은 거리?
## 굽고 싶은 거리?

10강에서 시간은 뒤로 갈 수 없는 속성을 갖는다는 얘기를 했습니다. 그렇다면 공간은 어떨까요? 왼쪽으로 한 발 갔다 오른쪽으로 한 발 오면 제자리가 됩니다. 시간과 달리 공간에는 아주 특정한 경우, 예를 들면 블랙홀이 있어서 시간과 공간이 뒤틀려 있다거나 아니면 우주 공간과 같이 끝으로 가면 평평하지 않은 전혀 다른 공간 체계가 존재하는 경우를 제외하면 일반적으로는 왔다갔다 얼마든지 자유롭죠. 그래서 가역적이라고 생각하기 쉽습니다.

그러나 공간이라는 게 그렇게 밋밋하고 단선적인 물리적 특징만 갖는 건 아닙니다. 오히려 시간보다 훨씬 복합적이며 변덕스러워 다루기가 더 어렵습니다. 국가란 무엇인가라는 물음은 국가를 하나의 단위로 상정하는 문제라 상대적으로 단순하지만, 국가를 다양한 공간을 가진 복합체로 보면 서울과 서울 아닌 곳 혹은 도시와 농촌 등 복잡한 변수들과 마주하게 됩니다. 게다가 변수 하나하나가 무시할 수 없는 폭발력을 갖기도 하죠. 가령 행정수도라는 공간을 가르는 주제 하나가 정권을 들었다 놨다 할 정도의 파괴력을 갖지 않습니까. 우리는 이 문제에 대해서 아직도 적절한 답이나 해석을 내놓을 방법론적인 준비가 되지 못한 것 같습니다. 공간의 문제를 충분히 심도 있게 논의해보지 못한 것이죠.

공간에 대한 재미있는 논쟁 사례를 하나 소개하자면, '굽고 싶은 거리' 논쟁을 들 수 있습니다. 1990년대 중반부터 홍대 앞을 어떻게 조성할 것인가에 대한 논의가 활발하게 벌어졌습니다. 오렌지족이니 야타족이니 하는 말들이 등장할 때 홍대 앞에 클럽들이 생겨났고, 결국 인디밴드들이 이곳에 자리를 잡게 되었습니다. 문화적 속성을 강조해야 한다는 데는 모두 공감했지만 문제는 방법이었습니다.

정부에서는 '걷고 싶은 거리'를 조성하겠다고 했는데, 저는 그렇게 해봐야 결국 '굽고 싶은 거리'만 될 거라고 반대했습니다. 실제로 정부가 조성한 홍대 앞의 '걷고 싶은 거리'는 삼겹살집, 갈비집, 곱창집 등이 잔뜩 들어서 굽고 싶은 거리로 변했습니다. 진짜 밴드나 출판사 같은 곳은 임대료가 비싸져서 다른 곳으로 피해 갔죠. 인사동도 대표적인 굽고 싶은 거리입니다. 큰 갤러리들만 겨우 버티고 있을 뿐 작은 화랑들은 비싼 임대료 때문에 인사동을 많이 떠났으니까요.

최근에는 정부에서도 창조적 사고를 강조하면서 청소년들의 창의력을 키워주기 위한 프로그램을 개발하려고 합니다. 사실 창의력은 몰래 모여

작당(?)할 수 있는 공간에서 나오는 법이잖아요. 그런데 청소년들의 창의성을 높인다는 정부가 실제로 하는 일은 10대들이 모일 수 있는 공간을 없애는 거예요. 잘못돼도 한참 잘못된 거죠. 모여서 놀자, 이게 창의성의 근본인데, 모이면 사고 친다, 그러니 모이지 못하게 하자, 이렇게 분위기를 몰아가면서 한쪽에서는 창의성을 키우겠다니 말예요.

토건파들은 공간을 면적, 밀도 그리고 땅값의 함수로만 봅니다. 여기에 아파트 인테리어와 역세권만 더하면 모든 계산이 끝난다고 생각하죠. 그러나 사람들이 그 안에서 살아가며 사회적 활동을 벌이고 관계를 맺는 공간은 그들이 생각하는 것보다 훨씬 더 복잡하고 미묘합니다. 거리, 밀도, 이런 것만으로는 잘 설명되지 않는 요소들이 있죠. 사람들의 삶과 문화는 물론 기억까지도 고스란히 공간에 쌓이게 될 뿐만 아니라, 공간의 크기에 따라 또 다른 모습을 보이기도 하니까요.

## '공간'과 '장소'

앙리 르페브르◆라는 마르크스 계열의 학자가 있습니다. 한국에서는 많이 사용하지 않지만 '일상성'이라는 개념을 유행시킨 사람이기도 한

---

◆ Henri Lefevre(1901~1991): 프랑스의 마르크스주의 사회학자로 일상성 속의 광고, 소비, 자동차, 여성 등의 문제를 언어학적으로 해석함으로써 현대성을 예리하게 비판했다.

데, 공간 분야에서는 최초로 정교한 이론 체계를 제시한 사람이라고 할 수 있습니다. 요즘에도 많은 사람들이 기억하는 건 공간space과 장소place에 대해 그가 내린 구분입니다. 공간이 물리적 속성을 가지고 있다면, 장소는 그 안에서 생활하는 사람들의 일상, 문화 같은 것들을 포함한 개념이란 겁니다.

지도를 보면 길과 거리만 등장하죠. 여기에 건물들을 배치하면 개발 도면이 됩니다. 그런데 그런 평범한 지도에 각자의 단골집을 점으로 찍어보면, 이제 공간에 대한 해석이 전혀 바뀝니다. 네트워크라고 표현하든, 빈도수라고 표현하든, 물리적 공간과는 다른 특징을 가진 사람들 사이의 관계가 나타나게 됩니다. 그야말로 공간의 기억과도 같죠. 뉴타운이 생기면 그런 기억들이 통째로 사라지게 됩니다. 기억은 지워지고, 아파트와 입주자만 덩그러니 남게 되는 셈이죠.

공간과 장소를 지나치게 엄밀히 구분하는 것은 저도 찬성하지 않지만, 어쨌든 도시공학이나 부동산학을 연구하는 사람들은 이런 삶, 기억, 공동체 같은 것들을 지나치게 무시해왔습니다. 용인이나 파주에서 아파트 분양하면서 '산과 숲, 쾌적한 환경' 등을 광고 문구에 넣잖아요. 물론 초기에 몇 백 세대가 입주할 때는 산이나 숲이 남아 있겠지만, 일단 거대 단지가 조성되면 아스팔트 외에는 아무것도 남지 않습니다. 장소라는 개념을 확장하면 문화, 생태계가 되는데 우리가 흔히 얘기하는 '인프라'에는 토건 대상인 시설물 외에는 아무것도 없습니다.

## 공간의 구분이냐
## 장소의 복원이냐

공간은 크기에 따라 차이점이 존재합니다. '공간의 비대칭성'이라고 부르기도 하고, 경우에 따라서는 '블랙홀 효과'라고 불리기도 합니다. 가령 두 도시가 연결되면 작은 도시가 좋아진다지만, 항상 그렇지는 않습니다. 오히려 큰 도시가 작은 도시의 재원이나 자원 심지어는 인력까지 전부 빨아들이는 양상이 벌어지게 됩니다.

고속철도의 원형이라고 할 수 있는 테제베TGV가 제일 처음 놓인 구간은 파리와 리옹 사이였습니다. 파리는 원래 정치의 중심지였고, 리옹은 금융과 제조업 중심지였습니다. 두 도시의 거리는 서울-부산 간 거리 정도인데, 프랑스도 중앙집중형 시스템이 강한 나라라서 리옹의 경제에 점점 적신호가 켜지기 시작한 겁니다. 그래서 두 도시를 한 시간 반 정도로 오갈 수 있게 만들면 리옹이 다시 살아날 것이라는 게 최초의 기획 의도였죠. 그러나 그런 일은 벌어지지 않았습니다. 오히려 리옹에 살던 사장들이 파리에서 출퇴근할 수 있게 되었다고 파리로 옮겨가는 일이 벌어졌습니다. 리옹이 다시 살아나게 된 것은, 이런 식의 인프라 구축이나 교통망 확충이 아니라 아이러니컬하게도 유네스코에서 리옹을 세계문화유산으로 등재했기 때문입니다.

대구에 처음 고속철도를 놓을 때, 저는 이제 대구 경제가 망하게 될 거라고 주장했습니다. 이유는 전형적인 '블랙홀 효과'가 생겨나기 딱 좋은 상황이었기 때문입니다. 예를 들어 환자들이 다 서울로 몰려가니, 대구의 대형병원이 문을 닫게 됩니다. 병원뿐만 아니라 '고급'이라고 이름 붙은 서비스업종들이 다 무너지기 시작하는 거죠. 리옹의 경우처럼 대구는 서울에서 멀어지는 게 오히려 잘되는 방법입니다. 리옹은 유네스코 문화유산으로 등재되면서 도시를 그 모습 그대로 보전하는 방법을 통해 해법을 찾은 셈입니다.

서울과 대구 사이의 문제도 이처럼 전형적인 공간에 관한 문제로 풀어야 합니다. 공간이 갖고 있는 역사나 문화를 살려 '장소'로 복원하는 게 대구가 살아나는 방법이지, 서울에 가까워진다면 사람들은 대구에 있는 대신 서울로 가려고 할 테니까요. 고속철도가 놓인 다음 대구의 똑똑한 학생들이 전부 서울로 간다잖아요. 1시간 반 정도 거리라면, 서울에서 살다가 가족들이 보고 싶을 때 내려와도 되는 거리니까요.

비슷한 시각으로 영동 지역의 중심 도시였던 강릉의 몰락도 설명이 가능합니다. 이젠 굳이 강릉이 물류의 중심지 역할을 할 필요가 없으니, 강릉에 물산이 모일 이유가 없어진 거죠. 인근 도시들이 서울로 물건을 보내면 되니까요. 그러다 보니 강릉은 상황이 점점 나빠져 토건세력과 손을 잡고 평창 동계올림픽과 신청사 주변의 신도시 개발에만 목을 매게 되는 겁니다.

사실 지역 내로 시선을 좁혀보면, 개발과 저소득층 문제 같은 것들도 드러납니다. 부자들만 살면서 가난한 사람들이 접근하지 못하게 철통같이 경계하는 이른바 요새주택fortress-housing이 늘어나는 추세인데, 지역 내 부자들과 가난한 사람들을 분리할 것인가, 아니면 같이 살 수 있게 할 것인가, 이런 공간의 분리도 지역 내에서는 중요한 쟁점이 됩니다. 서울은 뉴타운을 통해 분리를 결정한 셈이죠. 유럽에서는 임대주택을 지나치게 대단위로 지어 그 지역을 고립시키면 오히려 사회적 비용이 더 들기 때문에 지양하고 있습니다. 게토ghetto라고 부르는 슬럼 문제가 생겨나죠. 프랑스의 경우 지난 시라크 정권 때 이런 곳에서 집단 거주하는 외국인 2세들이 폭동을 일으킨 적도 있잖아요. 지역 내에서 가난한 사람들과 부자들이 공간적으로 완전히 분리되면 범죄율만 높아질뿐더러, 그 사회가 공생의 기반을 잃어버리게 됩니다. 고급주택가와 슬럼 지역, 이렇게 싸늘하게 분리되죠.

## 공간 특성을 배려하지 않는 개발이 유령도시를 만든다

한국의 획일적인 문화도 이런 공간의 문제의 연장이라고 볼 수 있습니다. 간단히 말하면 지난 10년 동안 강남구의 시범사업 결과를 대한민국 전체가 그대로 따라 한, 그야말로 탑다운 방식의 모방 모델이 이 나라의 공간을 바꾸었다고 할 수 있습니다. 특구라는 걸 만들면서 지역을 살린다고 했는데, 뾰족한 대책도 없고 사전 준비도 없이 '분권화'라는 이름으로 중앙에서 돈만 뿌리는 방식으로는 결국은 토건세력만 커지고 실제 지역은 더 어려워질 뿐입니다.

고층 빌딩에 쇼핑몰을 몰아넣으면 장사가 잘될 거라고 생각하지만, 진짜 장사가 잘되는 지역은 6층 이하의 건물과 2~3층짜리 건물 그리고 단층 건물들이 같이 서 있는 곳입니다. 이런 곳에서 사람들이 발길을 멈추고 구경도 하고, 생각도 하고, 물건을 구입하기도 합니다. 그러나 건물이 6층을 넘어서면 사람들은 불안해지고, 걷는 속도가 빨라지게 됩니다. 불안감을 느끼면서 거리는 더 이상 구경하는 곳이 아니라 지나가는 곳이 되죠.

예전에 우리가 골목길이라고 불렀던 곳이나 자그마한 상가들이 재개발이 되면서 큰 건물로 바뀌면 왜 대부분 망하는지 그걸 과학적으로 설명하려다 보면 이런 결론에 도달하게 됩니다. 대학도 마찬가지입니다. 시설물을 많이 짓지만, 정작 학생들이 마음 편하게 앉아서 토론도 하고 수다도 떨 수 있는 공간은 점점 없어졌죠.

우리는 지난 10년 동안, 대학이든 거리든 공론장이든 전부 굽고 싶은 거리로 바꾸고 있었던 건 아닐까요? 밀도, 거리, 속도, 이런 것들이 무조건 높거나 빠르다고 좋은 건 아닙니다. 생태는 물론, 정작 여유와 멋을 알았던 우리 조상들의 지혜 같은 것은 생각도 못해본 셈이죠.

공간을 볼 때는 언제나 그 안에 깃들어 살아야 할 사람들의 삶을 먼저 생각해야 합니다. 집값이 올라가면 집 팔고 이사 갈 사람의 눈으로만 보지 말고 그곳에서 삶을 꾸려갈 사람, 그곳에서 태어나 그곳에 묻힐 사람들이 행복하게 살 수 있는 공간, 그런 눈을 갖고 볼 수 있어야 하죠. '정주권'이란 바로 그런 개념 아니겠습니까. 사회과학에서 인간이 빠지면, 아무것도 아닌 말장난, 차라리 없는 게 나은 기술적 분석이 될 뿐입니다.

열한 번째 쪽글

## 어떻게 나만의 이야기를 전개할 것인가?

시나리오나 드라마는 기본적으로 대사로 구성된 글입니다. 지문이 있지만 대부분의 표현은 대사를 중심으로 전개되죠. 화자의 상황이나 심경은 물론 이야기 자체도 대화를 따라 전개됩니다.

대사를 다루는 연습은 지나치게 연구자 중심의 시선으로만 세상을 보거나 연설조의 어투로 훈계하려고 하는 자신을 스스로 돌아보게 해줍니다. 같은 얘기를 영화 시나리오나 드라마 대본 형태로 써보는 연습은, 듣는 사람의 입장이나 읽는 사람의 시선으로 자신이 하고 싶은 이야기를 다시 보게 해주는 객관화 훈련이기도 합니다.

헤밍웨이의 소설 〈노인과 바다〉에는 청새치를 의인화한 독백투의 대사가 많이 나옵니다. 의인화는 지나치게 자기 중심적으로 사물을 해석하려는 지나친 주관화의 위험만 피한다면 공감 능력을 높이는 데 좋은 훈련 방법입니다. 자신이 하고 싶은 내용을 조금 다른 시선으로 바라볼 때에도 도움을 주죠.

그렇다면, 자기 주변의 사물 중 아무것이나 골라, 사물과의 대화 형태로 자신이 세상에 하고 싶은 얘기를 A4 한 장으로 구성해보세요. 요령! 읽은 사람이 웃거나 울거나 아니면 시큰둥해하거나, 아니면 격렬한 반발을 하거나, 어쨌든 상대방이 감정적 반응을 보일 수 있도록 밋밋하지 않게 쓸 것!

# 12

## 스토리 라인 잡기
### 작업가설의 유용성

사회과학을 주제로 책을 쓰는 일은 영화 시나리오를 쓰는 과정과 비슷합니다. 자신이 하고 싶은 얘기를 일방적으로 전달하는 것보다는 그 상황에서 왜 그런 일이 벌어졌는지, 그곳에서 다른 사람들이 미처 생각하지 못했거나 놓쳤던 장면들을 해석하는 추리 과정이 중요해집니다. 독자들을 자신이 디자인한 이론의 세계로 초대하는 것이 제일 중요합니다.

12 • 스토리 라인 잡기: 작업가설의 유용성

## 사회과학 연구의 작업가설은
## 시나리오의 스토리 라인

좋은 사회과학자가 되기 위해서는 뭐가 필요할까요? 저는 학위 같은 건 아니라고 생각합니다. 물론 대학원에 다닌 경험이 있으면 도움이 될 수도 있지만, 그보다는 오히려 자신이 고민하고 분석한 결과를 다른 사람들이 정확하게 이해할 수 있도록 설득력 있게 논의를 전개할 수 있는 틀, 즉 '스토리 라인'을 짜는 능력이라고 생각합니다.

사회과학을 주제로 책을 쓰는 일은 사실 영화를 만들기 위해 시나리오를 쓰는 과정과 비슷하다고 볼 수 있습니다. 좋은 영화를 만드는 데 학벌이나 학위가 필요한 건 아니겠죠. 〈짝패〉의 감독으로 제가 아주 좋아하는 류승완 감독은 고졸입니다. 그리고 대개는 자신이 직접 시나리오를 쓰죠. 그런 능력과 사회과학자가 되는 능력은 크게 다르지 않습니다. 숫자 계산을 하거나 가끔은 통계를 이용하기도 하지만, 그건 그때그때 배우거나 혼자 습득하면 됩니다.

대학원생이나 박사과정에서 논문을 쓰는 학생들을 지도할 때 맨 처음 하는 질문이 "그래, 무슨 얘기를 쓰고 싶은데?"입니다. 논문이든 책이든, 결국은 하고 싶은 얘기가 있어야 하니까요. 그런 게 없다면 곤란하겠죠. 그렇게 모티브를 잡았으면 이제 하나의 스토리 라인으로 전개시키는 게 필요합니다. 사회과학에서는 이를 '작업가설'이라고 부릅니다. 영화의 스토리 라인에 해당하는 거죠.

《88만원 세대》를 준비할 때는, 저도 이 나라의 20대가 그 정도로 불행한지 미처 몰랐습니다. 그저 단순하게 20대가 패기도 없고 나약해서 그렇다는 생각을 하다가, 만약 이게 20대 개개인의 문제가 아니라 경제 구조나 사회 구조 때문이라면? 이렇게 첫 번째 가설을 세우게 된 거죠.

그다음에는 현장을 돌아다니며 다양한 20대들을 만나서 인터뷰를 하고, 기성세대들은 그들을 어떻게 생각하는지도 알아보고, 외국의 사례들을 찾아보기도 하고, 데이터를 정리하면서 연구 작업 모델을 고민하는 등의 과정을 거치게 되었죠. 물론 해당 전문가의 도움을 받을 수도 있습니다. 자신이 설정한 스토리 라인, 즉 작업가설이 맞는지, 혹시 엉뚱한 가설을 세워놓고 현실을 그 가설에 짜 맞추는 건 아닌지 끊임없이 회의하고 확인하는 과정이죠.

스토리 라인을 어느 정도 잡고 내용이 정리가 되면 그걸 원고로 만드는 작업을 해야 하는데, 이건 사람마다 방식이 달라 꼭 하나의 정답을 제시하기는 어렵습니다. 저는 시나리오를 가지고 영화를 만드는 방법을 사용하는 편입니다. 시퀀싱 기법이라고 부르는데, 카드놀이를 생각하면 됩니다.

차례를 미리 정해놓고 쓰지는 않지만, 서른 개나 마흔 개 정도의 시퀀스로 항목들을 분할해놓습니다. 그리고 카드놀이하듯, 이야기를 전개시켜 나가면서 카드를 배치하는 거죠. 영화도 스토리는 정해져 있지만 반드시 시간 순서대로 배치하지는 않잖아요?

이렇게 작업하면 차례를 미리 정해놓고 차례에 맞춰서 얘기를 끌고 나가는 것보다 더 생동감 있고 속도감 있는 글을 쓸 수 있게 됩니다. 하고 싶은 얘기가 있는데, 그걸 맨 앞에 배치할까, 아니면 맨 뒤에 배치할까, 그런 기본적인 것에서부터 중간 중간 얘기를 섞어나가는 과정을 영화에서 시퀀스를 배치하듯 합니다. 물론 사회과학 책이 한 편의 영화처럼 될 수는 없지만, 그래도 가능하면 시나리오를 쓰고 영화를 찍는다는 마음으로 책을 쓰는 편입니다. 보는 사람은 어떨지 모르겠지만, 확실히 쓰는 입장에서는 덜 피곤하고 재미도 있습니다.

## '설명'과 '이해'를 위한 키워드, '공감'과 '맥락'

'설명과 이해'에 대해 말할 때, 딜타이나 폴 리쾨르 등을 거론하면서 '해석'을 강조했던 것 기억하시죠? 실제로 사회과학 작업을 하다 보면, 자신이 하고 싶은 얘기를 일방적으로 전달하는 것보다는 그 상황에서 왜 그런 일이 벌어졌는지, 콘텍스트 안으로 들어가서, 그곳에서 다른 사람들이 미처 생각하지 못했거나 놓쳤던 장면들을 해석하는 추리 과정이 중요해집니다. 그렇게 하지 않으면 단선적이고 뻔한 얘기밖에 나올 수 없으니까요. 독자들을 자신이 디자인한 이론의 세계로 초대하는 것 그게 제일 중요하다고 생각하는 것입니다.

딜타이가 말한 공감이야말로 이야기에 생동감을 주는 데 반드시 필요한 매우 중요한 개념입니다. 내가 그 입장이라면 어떻게 했을까, 이런 생각을 끊임없이 해보는 게 데이터나 모델을 고려하는 것보다 더 중요할지도 모릅니다. 데이터가 언제나 진실을 말해주는 것도 아니고, 아무리 복잡한 패키지 모델이라고 해도 사태의 모든 면을 다 드러내주는 건 아니니까요.

공감을 얻기 위해 제가 개인적으로 했던 훈련이 '바다의 눈으로 보기'입니다. 멸종 위기에 처한 고래를 연구하면서 고래라면 어떤 심정일까, 만약 내가 바다라면 어떨까 하는 생각을 끊임없이 했습니다. 그 과제를 통해 해양 사막화 같은 개념들을 생동감 있게 느낄 수 있었습니다. 좋다, 나쁘다, 이런 잣대만 들이댈 게 아니라 사람이 가진 아주 중요한 능력 중 하나인 공감을 활용할 수 있는 방법에 대해 고민해보는 게 좋겠습니다.

사회과학 연구자들은 출발 지점이 저마다 다를 수 있습니다. 저 같은 경우는 생태학이 출발점이 되었지만, 어떤 분은 여성 운동, 또 어떤 분은 노동 운동이나 농민 운동이 출발지가 될 수 있습니다. 이런 다양한 분야가 같은 결론에 도달할 때도 있지만, 세밀한 영역에서는 정반대의 결론에서 서로 충돌하는 경우도 생깁니다. 내 입장을 계속 고수하는 게 옳을까, 아니면 상대방의 생각을 수용하는 게 옳을까, 그런 갈등의 순간이 생기는 거죠. 그럴 때 '공감'과 '맥락'에 대해 다시 한 번 생각해본다면 도움이 될 것입니다. 분야를 나누어놓고 있지만, 사회라는 게 크게 보면 결국 하나의 종합 시스템이니까요.

예전에는 예술의 영역과 사회과학의 영역이 전혀 다르다고 생각했는데, 결국 하고 싶은 말을 하고, 보여주고 싶은 것을 보여준다는 면에서는, 비록 궁극의 목표는 다를지라도, 서로 공통점이 많다는 생각이 듭니다.

## 수용성의 원칙
## 그리고 대화하는 방법

시민 운동 단체에서 활동할 때 시민 모임에 참여하는 아주머니들의 회의 모습을 종종 본 적이 있습니다. 개인적으로 시민 운동 단체에서부터 기업이나 정부에서 하는 회의 등 다양한 회의를 다 겪어본 셈인데, 아주머니들의 회의 모습은 전혀 새로운 방식이어서 상당한 문화적 충격을 받았죠. 자기들끼리 수다를 막 떨더니 "다 되었다", 그러고는 끝내는 식이었어요. 대화의 패턴이나 문법이 확실히 성별로도 다르고, 연령별로도 다른 것 같습니다.

공무원들은 어지간해서 "당신이 잘못했어"라고 말하지 않습니다. 그걸 빙빙 돌려가면서 얘기를 하죠. 반면에 회사에서는 좀 더 직설적으로 말합니다. 아주머니들의 경우는, 그야말로 이리저리 빙빙 돌려가면서, 온갖 간접 화법을 다 동원하면서도 하고 싶은 얘기를 다 하더군요. 옆에서 몇 시간 동안 듣고 있으면서 저런 식으로 논의가 이어질 수 있을까 염려가 될 정도였는데, 충분히 의사전달이 되고 논의도 가능하더군요.

저는 보고할 때는 짧고 간결하게, 직설 화법으로 말하는 훈련을 많이 받은 편이라 단답식으로 핵심만 말하려는 경향이 강합니다. 그러다 보니 제 경우엔 아주머니들의 얘기가 지나치게 장황하기만 하고 핵심은 언급하지 못한 채 변죽만 울린다는 느낌을 많이 받습니다. 반면에 그분들은 제가 너무 직선적이고, 날카롭고, 또 공격적이라고 지적합니다. 서로 대화가 잘 안 되는 거죠. 내용이 문제여서가 아니라 전달하는 방식 혹은 소통하는 메커니즘 자체가 달라서 그런 것입니다.

사람마다 문법과 화법이 다르고, 전달하는 방식에도 차이가 많습니다. 공통의 화법 같은 게 있으면 좋겠지만, 획일적인 기준이 정해진 표준어와 달리 표현이나 전달하는 방식은 그런 통일된 기준을 일일이 만들기가 쉽지 않습니다.

사회과학이라는 건 아무리 부드럽고 쉽게 표현하려고 해도, 결국은 과학의 영역에 속한 것이라서 한계가 있습니다. 전문용어의 사용을 가급적 피한다고 해도, 어쩔 수 없는 순간들이 오게 되죠. 어쨌든 듣기에 좋은 단어들과 귀에 거슬리지 않을 문장들만으로 자신의 마음을 보여주는 연애편지와 같을 수는 없습니다. 시에서는 "우리 서로 사랑합시다"라고 결론을 내도 괜찮지만, 사회과학에서 그렇게 결론을 맺으면 정말 하나마나 한 소리가 되어버립니다. 그렇다고 결론을 내리지 않을 수도 없습니다.

사회과학에서 결론이 없는 건 나쁜 결론보다 더 나쁘니까요. 잘못된 결론이라도, 누군가 다시 결론을 뒤집거나, 아니면 스스로 결론을 폐기하면서 새로운 논의를 진전시킬 수 있기 때문입니다. 누구도 한 번에 정답을 찾지는 못합니다. 어쩌면 사회 전체가 수없는 시행착오를 겪으며 함께 답을 찾아가는 과정이 바로 사회과학일지도 모르죠.

그럴 때 '수용성의 원칙'이라는 것에 대해 한 번쯤 생각해보시기 바랍니다. 사회과학에는 현상을 찾거나 이론을 만드는 '발견의 원칙'이 있지만, 동시에 그걸 사람들이 받아들이는 '수용성의 원칙'이라는 것도 있습니다. 아무리 좋은 테제나 주장이라도 사회가 그것을 수용할 수 있는 형태로 전개되어야 하겠죠.

스토리 라인도 잘 만들었고, 결론도 틀림이 없는데, 왜 사람들이 호응해주지 않는 걸까요? 그럴 때는 사회가 수용하거나 이해할 수 있는 형태 혹은 방식으로 표현되었는지에 대해 고민을 해봐야 합니다. 물론 이건 누구에게나 어려운 문제입니다. 연구를 하는 것과 그걸 수용될 수 있는 형태로 전개하는 건 또 다른 문제니까요.

이런 문제에 대한 획일적인 정답은 없겠지만, 그 사회에 잘 수용되는 대화 양식에 대해서도 고민해볼 필요가 있습니다. 나는 정말 멋진 진리를 말했는데, 사람들이 나를 몰라줄 뿐이야, 라고 혼자 자위해봐야 답은 나오지 않습니다. 대화라는 것은 상대편이 있는 것이라서, 스토리 라인을 잡으면서 청자에게 혹은 사회적으로 어떻게 수용될 것인지를 함께 고민해야 합니다.

열두 번째 쪽글

## 편지 쓰기

편지는 아주 오래된 의사전달 방식입니다. 가장 인간적이고 가장 개인적이며 동시에 사회적인 형태의 글이죠. 가장 딱딱한 형식의 편지는 정부 행정양식에 따른 공문일 것이고, 가장 부드러운 편지는 형식, 격식을 다 뺀 트위터의 짧은 인사말일 것입니다. 어쨌든 넓게 보면 다 편지라는 형식에 들어가는 글들이죠.

편지지에 직접 손으로 써서 우표를 붙여 누군가에게 편지를 보내는 일은 요즘은 좀처럼 찾아보기 어려워졌지만, 편지를 쓰는 능력은 여전히 학자에게 중요한 능력 중의 하나이고, 무엇보다도 글 쓰는 훈련으로는 고전적이지만 효과적인 방법 중의 하나입니다.

그렇다면, 한국에서 자신이 생각하기에 가장 약자라고 생각하는 사람 혹은 집단에게 예의를 갖춰 친필 편지 한 통을 쓰세요. 만약 자신이 가장 약자라고 생각하면, 스스로에게 써도 좋습니다. 요령! 도움을 받는 사람은 비굴하지 말고, 도움을 주는 사람은 오만하지 말지어다.

# SOCIAL SCIENCE FOR YOU & ME

# 13

## 사회과학, 실험은 없다!

저는 사회과학이 할 일이 정권 교체나 민주정부의 수립만은 아니라고 생각합니다. 그런 점에서 정치와 이론의 영역이 구분되고, 또 정책과 분석의 영역도 구분되어야 합니다. 이론과 분석은 정권을 바꾸는 게 아니라, 더 나은 세상을 만들기 위해 필요한 게 아닐까요.

## 사회과학의 연구실은
## 바로 현실

21세기에 들어오면서 물리학에서도 사회 현상을 설명하려는 흐름이 생겨, 요즘은 복잡계 이론이나 비선형 이론 등을 통해 사회 분석을 많이 합니다. 생물학도 역시 '통섭consilience'이라는 개념을 통해 사회 분석을 포함하는 통합 이론을 만들려고 시도하고 있죠. 이렇듯 자연과학과 사회과학이 방법론적으로 상당히 접근해 있는 것이 최근의 경향입니다.

그러다 보니 1970~80년대의 경제학 논문이 일반인이 읽을 수 없을 정도로 심화되어 결국엔 외면받았던 것과 비슷한 현상이 최근의 사회학, 행정학, 정치학 등에서 나타나기도 합니다. 2009년 노벨경제학상을 탄 오스트롬 여사는 행정학과 정치학을 연구의 기반으로 삼고 있지만, 자신의 논문에 게임이론을 워낙 많이 활용하다 보니 일반인들이 그 논문을 읽기는 매우 어렵습니다. 분석 기법이 발달하다 보면, 이렇듯 예상치 못한 부작용들이 생기기 마련입니다.

사회과학과 자연과학은 여러 가지 차이점들이 있지만, 그중에서도 가장 기본적인 차이점은, 사회과학에는 실험이 없다는 것입니다. 물론 때때로 사회과학에서도 '실험적 접근'과 같은 표현을 쓰면서 특수한 형태의 마을을 조성하거나 아니면 특별한 도서관 같은 것을 만들어보기도 합니다만, 아무리 '실험적'이라는 표현을 쓰더라도 사회과학 연구에서 벌어지는 일들은 그 자체로 현실입니다.

정부의 행위는 그 자체로 정책이고, 크든 작든 세상에 물리적 변화를 만들어내는 일입니다. 아무리 시범사업이라고 해도, 사업이 시작되면 정부 예산이 특정 사업에 지출되기 시작하고, 또 시장에서는 이미 정책 방향을 알게 되기 때문에 기술개발이나 상품개발 등 현실적으로 반응을 보이기 시작합니다. 시범사업이기에 시행해보고 문제가 있다고 판단되면 그 사업을 폐기하면 그뿐이라고 여길 수도 있지만, 실제로는 그런 일은 드물고, 다만 본 사업을 시행하기 전에 관련규정이나 법규를 정비하는 등 제도 개선에 중점을 두고 시행하는 것입니다.

이건 자연과학이나 공학에서 하는 실험과는 의미가 전혀 다릅니다. 실험실에서는 몇 번이고 반복해서 만족할 만한 결과를 얻을 때까지 실험을 하지만, 사회과학에서는 그럴 수 없습니다. 잘되었든 안 되었든 그 자체로 하나의 사회 행위고, 그렇게 발화자의 손을 떠나간 결과물은 크든 작든 현실에 대한 개입이며 동시에 물질적 실체가 되는 겁니다.

### 수다쟁이들의
### 학문

사실 사회과학의 존재 자체와 다양한 논의가 실험을 대체한다고 할 수 있습니다. 하버마스가 제시했던 소통communication이나 공론장public sphere 같은 개념들은 어떻게 보면 힘 있는 사람들이나 힘없는 사람들이나 수다를 좀 많이 떨자는 얘기로 단순하게 이해할 수도 있을 겁니다. 얘기를 많이 나누다 보면, 아무래도 억울하게 피해 받는 사람이 생기거나, 아무도 예상치 못했던 부작용이 생겨나는 걸 줄일 수 있으니까요. 어떤 제도나 정책도 그 자체로 완벽할 수는 없겠지만, 시행하기 전에 미리 다각적으로 논의를 해보면 그렇지 않을 때보다 훨씬 좋은 결과를 얻을 수 있겠죠. 사실 좌파와 우파의 구분도 어떻게 보면 정부의 정책에 대해 다른 의견을 제시함으로써 사회가 실험장이 되는 위험을 미리 방지해보자는 작업가설일 수도 있습니다.

사회과학이라는 게 한편으로는 예술과 같은 속성을 갖기도 하지만, 또 어떤 면에서는 수다쟁이의 속성을 갖습니다. 아주 수다스러운 동네 아줌마처럼, 얘는 이렇고 쟤는 저렇고 하며 끊임없이 수다를 떠는 것이어서 듣고 있다 보면 뭐가 이렇게 복잡해, 그런 불평이 절로 나오죠. 그러나 현실에서 시행착오를 겪고 돌이킬 수 없는 막다른 골목에 몰리는 것보다는 불평을 견디는 편이 훨씬 낫습니다.

과연, 대통령의 한마디에 일사불란하게 움직이는 것이 제대로 된 사회일까요? 토론은 귀찮은 과정이지만, 그래도 그저 지켜보기만 하면서 불안을 키우는 것보다는 낫습니다. 그걸 멋지게 표현하면 소통이라고 할 수 있겠지만, 미리 수다를 떠는 것이라고 이해해도 괜찮을 것 같습니다. 소통은 '홍보'가 아닙니다. 정책 설명을 위해 TV 광고, 신문 광고를 한다고 소통이 되는 건 아니죠. 소통의 본질은 수다입니다.

사회과학은 어쩌면 안과 밖이 잘 구분되지 않는 뫼비우스의 띠처럼, 그 자체로 현실의 반영이며 또한 현실 그 자체인 아주 복잡한 시스템입니다. 책을 읽는 건 사회 행위로 치자면 소극적인 일이지만, 그것만으로도 현실이 바뀔 수 있다는 것을 우리는 경험한 바 있습니다. 물론 책 한 권 때문에 생긴 현상은 아니겠지만, 사회적 분위기가 전환되는 모멘텀을 만들어낸 것은 부정할 수 없을 겁니다.

## 모두가 꾸는 꿈을 통해
## 더 나은 사회를 만드는 과정

요즘은 게시판이나 블로그는 물론 트위터나 페이스북을 통해 사람들이 사회 현상에 대해 자신의 의견을 끊임없이 개진합니다. 이것도 일종의 사회적 행위이고, 크든 작든 현실은 바뀌게 됩니다. 물론 트위터에 열심히 글만 올리면 정권이 바뀐다면 저도 당장 스마트폰부터 사서 쓰겠지만, 현실은 그보다 더 견고한 벽에 둘러싸여 있습니다.

저는 사회과학이 할 일이 정권 교체나 민주정부의 수립만은 아니라고 생각합니다. 그런 점에서 정치와 이론의 영역이 구분되고, 또 정책과 분석의 영역도 구분되어야 합니다. 이론과 분석은 정권을 바꾸는 게 아니라, 더 나은 세상을 만들기 위해 필요한 게 아닐까요.

그러나 한 가지 확실한 것은 사회과학의 르네상스가 이루어진다면, 현실의 많은 문제들이 지금보다 개선될 것이라는 점입니다. 그리고 제가 간절히 바라는 것은, 더 많은 일반인 저자들이 집단적으로 등장하는 것입니다. 일반인 저자들이 중요한 이유는 '과잉 대표'와 '과소 대표'의 문제 때문입니다. 실제로 한국에서 남성들은 여러 가지로 과잉 대표되어 있고, 50대는 50대 나름대로, 40대는 40대 나름대로 과잉 대표되는 경향이 있습니다. 학위를 가진 전문가들만이 사회과학이라는 분야에서 저자가 될 수 있다면, 이 문제는 쉽게 해소되기 어려울 것입니다. 어차피 자신들의 얘기를 더 많이 할 수밖에 없으니까 말입니다.

과소 대표된 사회적 주체들이 보다 전면에 나설 수 있는 방법으로 저는 20대들이 더 많은 책을 쓸 수 있기를 기대하고, 30~40대 주부들이나 직장 여성들이 자신의 소신을 체계화하여 사회과학의 저자로 당당히 한 자리를 차지할 수 있게 되기를 희망합니다. 이건 단순히 정권을 바꾼다거나, 한국 사회를 질적으로 성장시키는 것보다 훨씬 더 크고 근본적인 변화를 희망하기 때문입니다.

사회과학에 실험은 없습니다. 어떤 행위가 벌어지면, 그것 자체로 이미 현실입니다. 여러분들 중 어떤 분은 역사에 족적을 남기고 후대 역사책에 이름을 남길 분도 있을 것이고, 습작 노트만을 가지고 결국 빛을 보지 못하는 분들도 있을 겁니다. 하지만 개인에게는 그 과정이 삶의 한 부분이 되어 실제로 일과 삶을 더욱 풍성하게 해줄 것입니다. 어떤 분에게는 창작의 방향이나 착안의 전환점을 줄 수 있겠죠. 그런 힘이 있었기에 역사 속에서 사회과학이 학문의 한 분야로 자리를 잡게 된 것이겠죠. 개개인에게는 삶이 풍성해지는 것으로 그치겠지만, 이런 움직임이 집단적으로 그리고 대중적으로 이루어진다면 우리가 한 번도 꿈꿔보지 못한 새로운 시대를 열 수 있을 것입니다.

저는 아직도 텍스트의 힘을 믿습니다. 그리고 한국의 가능성도 믿습니다. 역사 속에서 우리가 오랫동안 그래왔던 것처럼, 사회과학이 우리에게 다시 돌아오고, 시도 언젠가 우리의 삶 속으로 다시 돌아오게 될 날이 있을 것이라고 믿습니다. 지난 10년 동안 우리는 무수한 가능성을 보면서 동시에 실망도 많이 했습니다. 그리고 요 몇 년간은 세상이 순식간에 과거로 돌아갈 수 있다는 것도 경험했습니다. 어떤 면에서는 아주 독특한 '창조적 파괴'의 순간을 경험하고 있는 셈이죠. 이 위기를 넘기기 위해서 우리에게는 이론도 필요하고, 방법론도 필요하고, 또 정성도 필요할 것입니다.

혼자 꾸는 꿈은 허무합니다만, 같이 꾸는 꿈은 사람을 행복하게 해줍니다. 사회과학 방법론이라는 아주 딱딱한 주제를 가지고 여러분과 함께 꿈을 꾸면서 아주 행복했습니다. 정말 고맙습니다.

| 후기 |

　처음 이 작업을 시작할 때, 나는 다분히 대학생들을 염두에 두고 있었다. 그러나 산다는 게 어디 그렇게 맘먹은 대로만 되겠는가. 강좌가 끝나갈 때쯤, 만약 본진이라는 표현을 쓴다면 본진은 주부독서클럽과 비슷해져버렸다. 물론 주부들만 참여한 건 아니지만, 육아나 고부 갈등을 소재로 온라인 상에서 대화를 주고받던 주부들을 비롯한 여성들이 본진을 형성했고, 여기에 일부 남성들과 학생이 함께하는 모양새가 되었다.
　수업을 하다 보면 주어진 시간은 짧고, 그래서 같이 원고를 만들거나 추가적인 작업을 하기 위해서는 이른바 '방중 프로그램'이라고 부르는, 보충수업까지 하게 된다. 실제 강좌가 이어진 동안에는 본진이 형성되는 정도였고, 진짜 사건들은 그 후에 벌어졌다. 이천으로 MT도 다녀왔고, 개강파티며 종강파티 등 학교에서 하는 행사를 똑같이 진행했으며, 쪽글 출제와 코멘트 등도 대학 수업에 준해서 실시했다. 그런데 왜 이 강좌가 주부독서클럽처럼 되었을까? 몇 가지 가설은 있지만 아직도 그 질문에

만족할 만한 답을 얻지는 못했다.

  어쩌면 우리는 세계에서 가장 학력이 높은 주부 집단을 가지고 있는지도 모른다는 생각을 처음 해보았다. 강좌 수강생들은 《이상한 나라의 앨리스》를 패러디해서 자신들을 앨리스라고 불렀고, 나를 토끼라고 불렀다. 은유와 풍자가 난무하는, 그런 강좌였던 것이다.

  강좌가 끝나고 나서 수강생들과 함께 '습작당'이라는 모임을 꾸리게 되었다. 한 달에 한 번씩 전체 모임을 갖고, 연구 주제에 대해 토론하기도 하고, 준비하는 책에 대해 발표하기도 한다. 이젠 제법 규모가 커져서 처음에 사용하던 작은 강의실로는 전부 수용하기가 어려울 정도가 되었다. 몇몇은 출간을 목표로 자신의 분석 주제를 들고 습작을 시작했다.

  나 자신을 돌아보면, 노트에 무엇인가를 쓰면서 습작하던 대학 시절이 가장 행복했던 것 같다. 내가 무엇이 되어 어떤 삶을 살지는 모르겠지만, 습작을 하던 그 순간만큼은 독재에 대한 증오도 없었고, 삶의 걱정도 없이, 그야말로 상상력만이 춤추던 시간이었다.

  공부라는 게 혼자 하면 힘들지만, 일종의 선단 같은 것을 형성해서 같이 해나가면 단독 항해보다는 훨씬 편하다. 동료가 있다는 것, 그리고 같이 시작하는 사람이 있다는 것, 그것은 생각보다 큰 행복을 준다. 사회과학으로 행복해질 수 있는가? 이 어처구니없는 일을 몇 달 사이에 내가 목격한 셈이다.

  처음 강좌를 시작할 때는 표정이 어둡고 지쳐 보이는 사람들이 많았다. 누구나 살아가면서 크고 작은 갈등과 다툼 그리고 넘어설 수 없는 벽 같은 것으로 지치게 마련이다. 공동체란 공동체는 모두 해체되거나 아니면 이익단체로 변해버린 지금의 한국, 삶은 부자에게나 가난한 사람에게나 공평하게 비루하고, 우리는 누구나 돌아서면 절벽 앞에 서게 되는 기이한 구조를 만들어놓고 사는 셈이다. 당연히 자살률은 높을 수밖에 없고, 많은 사람은 우울증 5분 전이거나, 억지로 기분을 끌어올리면서 조울증의 불안한 파고를 타넘으며 살고 있다.

그런데 습작당에 참가한 사람들 중 몇몇의 표정이 눈에 띄게 밝아졌다는 얘기가 들려왔다. 그때 문득 내 머리를 스치고 간 생각은 사회과학 습작 모임이 우울증 치료에 도움이 되는 프로그램이었구나 하는 것이었다. 사회과학의 용도치고는 기이한 셈이다.

운동을 하면 우울증 치료에 도움이 된다고들 한다. 분명 도움이 되겠지만, 내가 우울증이 점점 심해지니 이제 운동을 좀 열심히 해야겠구나, 이렇게 생각하는 사람이 우울증에 걸릴 리 있겠는가? 논리적이지만 근원적인 딜레마가 여기에 있다.

매달 두 권씩 같은 책을 읽고, 분석을 하거나 습작을 하면서 사람들 앞에서 발표하고 토론하는 모임에 나오는 사람이 우울증을 앓을 수는 없을 것이다. 이것도 일종의 클리닉 효과를 갖는 셈이다. 마찬가지 딜레마가 생긴다. 아, 내가 우울증이 있으니까 책을 좀 읽고, 글도 쓰고, 사람들과 얘기를 해봐야겠다…… 이런 일이 벌어질 리는 없지 않은가?

어쨌든 주부를 본진으로 하는, 진짜 일반인들을 대상으로 하는 사회과학 습작 프로그램을 운용하면서 그야말로 기상천외한 사회과학의 활용법을 경험해본 셈이다.

주부들 그리고 직장 여성의 손에 들어간 사회과학 방법론이라는 것이 앞으로 어떤 방향으로 진화해나가게 될지, 그리고 또 어떤 현상들이 한국에서 벌어지게 될지, 사실 그 구체적인 모습은 나도 쉽게 예측하기 어렵다. 다만, 지금의 구조를 보면서 그리고 지금의 한국의 모습을 보면서 절망할 필요는 없다는 생각이 강해졌다.

파리나 취리히 등 유럽의 도시에서 아침에 카페에 앉아 신문이나 책을 읽으면서 커피를 마시는 할머니들을 볼 때마다 늘 부러웠었다. 우리에게는 생소한 이런 풍경이 결국 유럽이 냉전 시대를 헤쳐 나와 21세기에도 여전히 선진국으로 버틸 수 있게 만든 보이지 않는 힘이라는 생각을 많이 했다. 우리도 그런 힘을 키운다면 새로운 시대를 만들 수 있지 않을까, 그런 가능성의 한 면을 이번 강좌를 통해 보면서 정말이지 나는 행복을 느꼈다.

정답이 중요한 것일까? 적어도 사회과학의 세계에서 나는 그런 것은 하나도 중요하지 않다고 생각한다. 문제는 정답을 찾아가는 과정이고, 그런 길을 스스로 찾아갈 잠재력이 우리에게 있다는 것을 확인하면서 나는 오랜만에 유쾌해질 수 있었다.

우리 모두는 지금 파편과 같고, 개인들은 구조 앞에서 외로움에 떠는 중이다. 그렇다고 그저 힘을 모은다고 잘될 것 같지도 않다. 그렇지만 지식과 지혜, 이론과 같은, 우리가 지난 10년 동안 쓰레기통에 처박았다고 생각했던 것들이 여전히 우리 주위에 남아 있다.

뭔가 알고 싶고, 글을 써서 표현하고 싶고, 사람들에게 그걸 보여주고 싶다는 근본적인 욕망이 사람들의 표정을 밝게 해줄 수 있다면, 그게 바로 유쾌하면서도 지지 않는 싸움을 가능하게 하는 힘이 아니겠는가.

한때 대학을 가득 채웠던 사회과학 공부 모임들이 이 사회에 다시 생겨날 수 있을까? 어쩌면 그럴 수 있을지 모른다는 가능성을 지난여름에서 겨울 사이, 나는 처음으로 보았다.

| 찾아보기 |

## ㄱ

강준만 … 154, 160
개리 베커 … 38
게임이론 … 42, 57, 107, 125, 174, 220
경제적 인간 … 94, 98, 105, 140, 148
《고백록》 … 61
공리주의 … 40
〈공자의 생활난〉 … 20, 21
구제도학파 … 106, 125
구성의 오류 … 47
구좌파 … 143
《국부론》 … 40, 57, 65, 126, 170
균질적 모델 … 151, 152, 157, 160
균형가격 … 99, 141
기후변화협약 … 179, 195
김수영 … 21, 22
김예슬 선언 … 156
김장 … 128, 129
《꿀벌의 우화》 … 40

## ㄴ

《나 홀로 볼링》 … 128
내부 공생 … 43
내쉬 균형 … 42, 57
존 내쉬 … 42

## ㄷ

네거티브 피드백 … 171~173
네덜란드 … 25~28, 55
네트워크 효과 … 165, 177
노엄 촘스키 … 68
〈노인과 바다〉 … 208
《니코마코스 윤리학》 … 138, 139

## ㄷ

〈다빈치 코드〉 … 135
다윈론 … 131, 134, 135~137
르네 데카르트 … 21~23, 60~62, 64
《도덕감성론》 … 40, 65
리처드 도킨스 … 42
돈오돈수 … 109, 120
돈오점수 … 109, 120
에밀 뒤르켐 … 41, 57, 102, 103, 125
《듄》 … 78, 80

## ㄹ

레베카 솔닛 … 91
레온 트로츠키 … 87
레옹 왈라스 … 98~101, 103, 146, 151, 152, 169
로고스 … 22, 23, 64

로마 클럽 보고서 … 31
로버트 퍼트넘 … 128
루돌프 카르납 … 112~114
루이 알튀세르 … 30, 87
루틴 … 180, 181
류승완 … 210
리처드 플로리다 … 181
린 마굴리스 … 43

**ㅁ**

마르크시스트 르네상스 … 30~32, 85
마오쩌둥 … 88, 93
〈마왕〉 … 64
마이클 샌델 … 68
마틴 하이데거 … 78
《막스 하벨라르》 … 26, 28
《말과 사물》 … 66
모리스 메를로-퐁티 … 135
목적론적 역사관 … 189
미셸 아글리에타 … 160
미셸 푸코 … 66
《민주화 이후의 민주주의》 … 163
밀턴 프리드먼 … 101

**ㅂ**

반증 가능성 … 115
〈반지의 제왕〉 … 171
방법론적 개인주의 … 97
방법론적 전체주의 … 97, 102
버나드 만데빌 … 40
《법철학》 … 82
제레미 벤담 … 40
보편주의 … 105, 156, 193

레이몽 부동 … 47
〈뷰티풀 마인드〉 … 42
브로니슬라브 말리노프스키 … 190
비균질적 모델 … 151, 156, 160, 161, 164
비선형 … 165, 168, 170, 171, 174, 175, 180~182, 220
빌헬름 딜타이 … 112, 118, 127, 212, 213

**ㅅ**

사다리 걷어차기 … 193, 194
사악한 결과 … 47
사회과학 르네상스 … 13, 30, 33, 224
《사회구성체론과 사회과학방법론》 … 33
《사회분업론》 … 41, 57
사회적 인간 … 102
3대 노동자 가설 … 54
생태학 … 8, 14, 48, 74, 141, 213
선형 발전 … 99, 165, 168, 169, 170, 171, 178, 181, 186, 188
세대간 중층모델 … 108
소스타인 베블런 … 106, 125
소크라테스 … 22, 23, 60, 64
《수탈된 대지》 … 91
스위스 … 39, 146, 158, 159, 163, 180
〈스윙걸스〉 … 148
스코틀랜드 … 39, 41
스타벅스 … 155
스페큘레이션 … 62
신금욕주의 … 39
신자유주의 … 44, 52, 99, 102, 160
신좌파 … 143
신제도학파 … 106, 107, 125
실존주의 … 78, 84, 85, 88

## ㅇ

아도르노 … 85, 89
아리스토텔레스 … 61, 138, 139
아마미야 카린 … 92
알베르트 카뮈 … 75, 84
앙리 르페브르 … 118, 202
애덤 스미스 … 26, 40, 57, 65, 126, 138, 170, 193
앨버트 허시먼 … 196
앨프리드 마셜 … 100
《어둠 속의 희망》 … 91
에두아르도 갈레아노 … 90, 91
에두아르트 데케르 … 26, 28
에른스트 마하 … 63
《엔치클로페디》 … 65
《열정과 이해관계》 … 196
엘리너 오스트롬 … 44, 220
오퀴스트 콩트 … 41
《왜 80이 20에게 지배당하는가?》 … 154
움베르트 에코 … 61, 90, 91
월드컵 … 153
유아사 마코토 … 92
《육조단경》 … 120
6조 혜능 … 109, 120
《이기적 유전자》 … 42, 43
이기주의 … 39, 41~44, 46, 52, 54, 57
〈이끼〉 … 47
《이방인》 75, 84
《이상한 나라의 앨리스》 … 8, 227
이원론 … 131, 134~136, 144~147
이진경 … 33
《이타적 인간의 출현》 … 43
이타주의 … 39, 41~44, 46, 50, 52
인적자본이론 … 38
일원론 … 131, 134~136, 139, 142, 144~147
《1차원적 인간》 … 85
임레 라카토슈 … 116

## ㅈ

《자본론》 … 65, 126, 127, 139, 157,
장 폴 사르트르 … 78~80, 82, 83, 85~90
《장미의 이름》 … 61
장하준 … 54, 126, 193, 194
《젊은 베르테르의 슬픔》 … 64
《정신현상학》 … 60, 63, 64
《정의란 무엇인가》 … 68
《정치경제학 원론》 … 145
존 케인스 … 30, 67, 100~102, 125
존 스튜어트 밀 … 126, 145, 146
《존재와 무》 … 78, 79
죄수의 딜레마 … 42, 174
《지각의 현상학》 … 135
지그문트 프로이트 … 85, 116, 146, 147
《지방은 식민지다》 … 154
진화론 … 117, 189, 191, 192
집단지식 … 55
〈짝패〉 … 210

## ㅊ

《창조계급의 부상》 … 181
창조적 파괴 … 100, 177, 225
최장집 … 163
최정규 … 43
《축구, 그 빛과 그림자》 … 90

### ㅋ

카니발리즘 … 49
카를 마르크스 … 65, 85, 115, 126, 138~140, 146, 152
칼 포퍼 … 114~116
케네스 애로우 … 102
코기토 선언 … 20~22
클러스트 현상 … 44
클로드 레비-스트로스 … 103, 104

### ㅌ

토마스 쿤 … 116
《토템과 타부》 … 146
특수주의 … 193

### ㅍ

《파우스트》 … 64
파울 파이어아벤트 … 116
《88만원 세대》 … 108, 211
페르낭 브로델 … 190
페르디낭 드 소쉬르 … 103
《페스트》 … 75, 84

포지티브 피드백 … 173
폴 데이빗 … 176
폴 리쾨르 … 118, 212
폴 새뮤얼슨 … 100, 108
폴 크루그먼 … 30
프랭크 허버트 … 79
프리드리히 리스트 … 193, 194
프리드리히 하이에크 … 99~101, 103
피델 카스트로 … 88
피터 잭슨 … 71

### ㅎ

해석학 … 109, 112, 118, 119
허버트 마르쿠제 … 85, 89
헤겔 … 23, 60, 62~64, 66, 72, 78, 79, 81, 82, 112, 113, 135
협약주의자 … 125
홍세화 … 154
홍수환 … 123, 124
환원론 … 131, 136, 138, 142, 144
환원주의 … 132, 136, 137, 140, 142~144, 147, 148

**SOCIAL SCIENCE FOR YOU & ME**